Design
instrucional
para professores

Dados Internacionais de Catalogação na Publicação (CIP)
(Simone M. P. Vieira – CRB 8ª/4771)

Filatro, Andrea
    Design instrucional para professores / Andrea Filatro. –
São Paulo: Editora Senac São Paulo, 2023.

    Bibliografia.
    ISBN 978-85-396-3952-6 (Impresso/2023)
    e-ISBN 978-85-396-3844-4 (ePub/2023)
    e-ISBN 978-85-396-3845-1 (PDF/2023)

    1. Design instrucional 2. Designer instrucional –
Profissional 3. Designer instrucional – Competências
4. Educação e tecnologia 5. Conteúdos educacionais
6. Cultura digital   I. Título   II. Série.

22-1811g   CDD – 371.33
                                        BISAC EDU029030
                                             EDU041000

Índice para catálogo sistemático:
1. Design instrucional : Educação e tecnologia   371.33

Andrea Filatro

Design instrucional
para professores

Editora Senac São Paulo – São Paulo – 2023

Administração Regional do Senac no Estado de São Paulo
Presidente do Conselho Regional: Abram Szajman
Diretor do Departamento Regional: Luiz Francisco de A. Salgado
Superintendente Universitário e de Desenvolvimento: Luiz Carlos Dourado

Editora Senac São Paulo
Conselho Editorial: Luiz Francisco de A. Salgado
Luiz Carlos Dourado
Darcio Sayad Maia
Lucila Mara Sbrana Sciotti
Luís Américo Tousi Botelho

Gerente/Publisher: Luís Américo Tousi Botelho
Coordenação Editorial: Ricardo Diana
Prospecção: Dolores Crisci Manzano
Administrativo: Verônica Pirani de Oliveira
Comercial: Aldair Novais Pereira

Edição de Texto: Eloiza Mendes Lopes
Preparação de Texto: Ana Lúcia Mendes Reis
Coordenação de Revisão de Texto: Janaina Lira
Revisão de Texto: Karen Daikuzono
Coordenação de Arte: Antonio Carlos De Angelis
Projeto Gráfico, Editoração Eletrônica e Capa: Manuela Ribeiro
Ilustração da Capa: Adobe Stock
Coordenação de E-books: Rodolfo Santana
Impressão e Acabamento: Visão Gráfica

Todos os direitos desta edição reservados à
Editora Senac São Paulo
Av. Engenheiro Eusébio Stevaux, 823 – Prédio Editora
Jurubatuba – CEP 04696-000 – São Paulo – SP
Tel. (11) 2187-4450
editora@sp.senac.br
https://www.editorasenacsp.com.br

© Editora Senac São Paulo, 2023

Sumário

Nota do editor, 7
Prefácio, 9
Apresentação, 13

Capítulo 1
FUNDAMENTOS DO DESIGN INSTRUCIONAL, 15

O que é design instrucional?, 15

Quem faz o design instrucional?, 20

Quais são as contribuições do design instrucional na atuação docente?, 27

Capítulo 2
ELEMENTOS E FASES DO DESIGN INSTRUCIONAL, 29

Quais são os principais elementos do design instrucional?, 29

As fases do design instrucional, 31

Integração entre as fases do design instrucional, 41

Capítulo 3
A FIGURA CENTRAL DO DESIGN INSTRUCIONAL: O APRENDIZ, 43

Contribuições do design instrucional para a aprendizagem centrada no aluno, 44

Conhecendo melhor os alunos, 49

Capítulo 4
FUNDAMENTOS TEÓRICOS PARA O DESIGN INSTRUCIONAL, 61

Pedagogia, andragogia e heutagogia, 62

Capítulo 5
DESIGN E DESENVOLVIMENTO DE ATIVIDADES DE APRENDIZAGEM, 103

Elementos centrais do processo de ensino-aprendizagem, 104

Atividades de aprendizagem no centro do processo, 110

Didática e matética, 119

Capítulo 6

DESIGN E DESENVOLVIMENTO DE CONTEÚDOS EDUCACIONAIS, 127

O que são conteúdos educacionais?, 127

Autoria de conteúdos inéditos, 130

Curadoria de conteúdos educacionais, 145

Direitos autorais no design de conteúdos educacionais, 149

Filosofia de abertura e recursos educacionais abertos, 152

Capítulo 7

DESIGN INSTRUCIONAL E TECNOLOGIAS EDUCACIONAIS, 155

Mídias e tecnologias na educação, 156

Ambientes virtuais de aprendizagem, 161

Tecnologias educacionais e inovação, 166

Capítulo 8

AVALIAÇÃO NO DESIGN INSTRUCIONAL, 171

O significado da avaliação no design instrucional, 172

Avaliação da aprendizagem, 172

Avaliação da proposta de design instrucional, 180

Considerações finais, 185
Glossário, 189
Referências, 193

Nota do editor

A educação a distância (EAD) foi regulamentada no Brasil como modalidade de ensino em 1996, mas era utilizada principalmente na educação de jovens e adultos que tinham dificuldade de frequentar a escola, em especial aqueles que não o tinham feito no tempo regular.

A autora desta obra foi pioneira nas pesquisas sobre a modalidade EAD no ensino superior, tendo publicado o primeiro livro sobre design instrucional no Brasil pela Editora Senac em 2004.

Com o avanço das tecnologias, a educação apoiada por meios digitais se expandiu cada vez mais para e em outros contextos educacionais. No entanto, com a chegada da pandemia, o que era opcional e reservado ao ensino superior, à educação profissional e tecnológica, à educação corporativa e aos cursos livres passou a ser uma necessidade imediata, recebendo o nome de ensino remoto emergencial. Agora, com a volta ao ensino presencial, o ensino híbrido, que mescla ações presenciais e a distância, se tornou uma possibilidade real, já que se descobriu que deslocamentos não são mais necessários com a mesma frequência de antes. O ensino tem sido cada vez mais desafiado, então, a renovar suas estratégias. É aí que entra o design instrucional.

Este lançamento do Senac São Paulo tem a proposta de levar a educadores em geral soluções e meios de entregar digitalmente conteúdos e atividades aos aprendizes, firmando-se no compromisso de desenvolver pessoas e organizações por meio da aprendizagem.

Prefácio

O DESIGN NA EDUCAÇÃO

No universo de importação e exportação de conceitos entre os campos de conhecimento, o design, enfim, chega à educação. Muito usada na arte e na arquitetura, a palavra, em inglês, tem significado próximo a planificação, propósito, objetivo e intenção – do verbo *to design*, ou "planejar", diferindo do ato de desenhar (*to draw*). No Brasil, no entanto, costumamos empregar esse mesmo termo para nos referirmos a essas duas ações. De qualquer modo, o que nos importa aqui é como o chamado design instrucional (DI) pode contribuir para os processos de ensino e de aprendizagem.

O DI é muito requerido na educação a distância (EAD) e passou a ser uma expressão mais conhecida no contexto brasileiro quando a Lei n. 9.394/1996 (LDB) regulamentou a EAD como uma modalidade de ensino.

Apesar de estar presente desde o início do século XX no país, a EAD era utilizada para cursos de qualificação profissional e alfabetização com foco em adultos, principalmente aqueles sem escolaridade.

Como não tínhamos experiência de EAD no ensino superior regular no Brasil, a primeira tentativa foi reproduzir o modelo presencial no sistema a distância, o que trouxe vários problemas: dificuldades de aprendizagem, evasão, desmotivação, entre outros. Nesse momento, começaram a aparecer estudos e pesquisas brasileiras sobre a modalidade e, especificamente, sobre o planejamento e a adequação de projetos para as aprendizagens nas diferentes mídias. Então, surgiram as pesquisas de Andrea Filatro, no início dos anos 2000, que contribuíram muito com a organização dos processos da EAD e da produção de materiais didáticos, o que proporcionou um caminho mais lógico e pedagógico para as instituições de ensino superior (IES) que estavam se lançando na nova modalidade. Filatro conseguiu tornar o DI não só área de pesquisa acadêmica, mas também um processo compreensível e operacionalizável para as IES.

Nos últimos anos, o mundo acelerou na direção da transformação digital. A internet coube na palma da mão dos estudantes e docentes, e as instituições educacionais passaram a usar com mais intensidade as novas tecnologias. Entretanto, uma pandemia nos tomou de sobressalto e tivemos que recorrer ao que passou a se chamar "ensino remoto emergencial" (ERE), e não EAD, com o qual já acumulávamos alguma experiência.

A diferença entre um e outro é que o ERE não foi planejado, tinha caráter temporário e a adesão a ele foi compulsória, enquanto a EAD é planejada, usa metodologia própria (que inclui o DI) e a adesão a ela é voluntária.

A educação básica, que pela LDB só pode fazer uso da EAD em casos emergenciais – que durante a pandemia de covid-19 se justificou pelo afastamento social –, praticamente não se valeu do conhecimento que o sistema acumulou no ensino superior e cometeu os mesmos erros do passado: emular o ensino presencial.

Com o retorno gradual à educação presencial, um novo modelo começa a ser adotado: o ensino híbrido. Não que seja um termo novo, mas ele ganha novos significados e – o mais importante – necessita de uma nova metodologia, de um novo design, o que exige um novo papel docente.

O professor passa a ser um designer de experiências de aprendizagem em diferentes ambientes (presencial, virtual e social), um especialista em planejamento, monitoramento, execução de planos de desenvolvimento de habilidades e competências. Começamos esta década com um novo modo de educar a nova geração, e o ensino precisa de novas estratégias. Mais uma vez, Filatro nos brinda com conhecimentos, agora com a obra *Design instrucional para professores*.

A autora, didaticamente, nos faz mergulhar no universo do DI para o entendermos, traz sua história e suas concepções, com elementos importantes de seu processo de criação, elaboração e implantação. Ela chama a atenção para pontos fundamentais à educação, como personalização, avaliação e curadoria, sem esquecer, claro, que estamos em um mundo permeado de tecnologias a ser constantemente renovadas, que fazem e farão parte do processo educativo.

Esta obra é de grande valor hoje, a fim de orientar professores, de qualquer nível, a olhar atentamente para o ensino e a aprendizagem com base em processos planejados, intencionais e mais eficazes.

Boa leitura!

Maria Alice Carraturi[1]

---

1 Diretora de conteúdo da Bett Educar e consultora de tecnologia educacional no Centro de Inovação para a Educação Brasileira (Cieb).

Apresentação

O design instrucional (DI) é uma paixão para aqueles que conhecem suas contribuições ao planejamento e ao desenvolvimento de soluções educacionais. Seu escopo é vasto e abrange praticamente todos os aspectos relacionados ao processo de ensino-aprendizagem.

Suas origens remontam à Segunda Guerra Mundial, quando foram feitas as primeiras aplicações dos princípios instrucionais para treinar recrutas estadunidenses ao combate. De lá para cá, muitas evoluções e revoluções aconteceram nesse campo de conhecimento e prática, que tem uma base teórica sólida e relatos de experiência de vários matizes.

No Brasil, o DI teve algumas aplicações nas décadas de 1970 e 1980, mas se tornou realmente alvo de atenção quando a educação on-line se viabilizou pela expansão da internet comercial, em meados da década de 1990.

Após décadas contribuindo diretamente para a implantação da modalidade a distância em inúmeras instituições de ensino superior (IES) e educação profissionalizante, escolas de governo e universidades corporativas no Brasil, o DI passou a atrair o interesse também da educação básica, cada vez mais cobrada a incorporar inovações para apoiar o processo de ensino-aprendizagem.

A pandemia de covid-19, que parecia passageira, impôs a escolas e universidades o imperativo das mídias e tecnologias como mediadoras do ensino remoto. E mostrou mais uma vez o quanto o DI pode agregar à formação e à experiência docente.

Nossa trajetória pessoal com o DI nasceu na academia – mais precisamente, no mestrado na Faculdade de Educação da Universidade de São Paulo (FE-USP). E logo contaminou nossa prática docente, gerencial, autoral e de consultoria.

Hoje, após muitos projetos e publicações que tiveram como foco o DI, apresentamos este livro aos educadores em geral e, particularmente, aos professores, aqueles que estão na linha de frente da educação e que cada vez mais reconhecem a necessidade de atualizar a própria formação original para enfrentar os desafios contemporâneos.

O livro está estruturado em oito capítulos. Os dois primeiros proporcionam ao leitor uma visão geral dos fundamentos do DI e de suas etapas para a construção de soluções educacionais.

O terceiro capítulo coloca o aprendiz no centro do processo, enquanto o quarto traz um panorama das teorias de aprendizagem, bem como do DI sob a perspectiva pedagógica, andragógica e heutagógica.

O quinto e o sexto capítulos vão ao cerne do chamado micro DI e exploram o design de atividades de aprendizagem e de conteúdos educacionais.

O sétimo capítulo aborda as mídias e tecnologias, e o oitavo – e último – se dedica à avaliação da aprendizagem e da solução proposta do ponto de vista do DI.

Ao longo de todo o livro, procuramos alternar entre tradição e inovação no DI, ou seja, reunimos as diretrizes testadas e comprovadas por pesquisadores e praticantes do DI ao longo de sua história, ao mesmo tempo que buscamos apontar para as inovações que podem fazer a diferença na educação do presente e do futuro.

Nosso desejo é que a leitura deste livro desperte nos leitores a mesma paixão que nos trouxe até aqui – e que nos faz acreditar no sonho de uma educação de qualidade para todos os brasileiros.

Andrea Filatro

CAPÍTULO 1

Fundamentos do design instrucional

Após o estudo deste capítulo, você será capaz de:

- conceituar o design instrucional;
- compreender quem é o profissional que exerce o design instrucional profissionalmente;
- identificar as competências do designer instrucional;
- reconhecer as contribuições do design instrucional para a atuação docente.

Neste capítulo, conheceremos os fundamentos do design instrucional (DI) – o que é DI e quem pratica o DI. Dessa maneira, teremos uma visão geral sobre esta área e as ideias-chave que subsidiarão os demais capítulos deste livro.

O QUE É DESIGN INSTRUCIONAL?

A esta altura, é provável que você já tenha ao menos ouvido falar da expressão design instrucional. Para ter uma ideia do que ela significa, você pode começar traçando um paralelo com outras áreas do design – design industrial, design gráfico, design digital, design de moda...

Figura 1. Nuvem de ideias sobre design na educação.

Vamos pensar inicialmente nas duas partes que compõem a expressão: "design", substantivo comum a essas outras áreas; e "instrucional", adjetivo que situa a expressão no contexto da educação.

A palavra design tem várias conotações; a principal delas se refere à criação de algo concreto, de um produto ou serviço tangível. Assim, quando você pensa no design de um carro, imagina não apenas o desenho de um carro sobre a prancheta de um engenheiro, mas também o carro já pronto e em funcionamento.

Para alguns autores, o design equivale à capacidade humana de materializar as próprias ideias (NITZSCHE, 2012). Por isso, em grande medida, o design se dedica aos aspectos externos, como o layout de uma página, um slide ou uma tela de software, porque é por meio dessa superfície que as ideias sobre o sistema serão comunicadas ao público.

Mas essa não é toda a história. O design não se refere apenas a tornar as coisas esteticamente agradáveis, embora isso faça parte do design. Em sua essência, o design tem a ver com resolver problemas. E, não importa qual seja o problema – espremer laranjas ou aprender de modo mais eficiente –, os designers se empenham em ajudar as pessoas a resolver esse problema da maneira mais conveniente, simples e elegante possível.

Na educação, podemos inferir que, em termos genéricos, o design se ocupa de aspectos como o projeto gráfico de um livro didático, as opções de menu, a disposição dos elementos em um tutorial multimídia e até mesmo o layout de uma sala de aula ou um ambiente digital de aprendizagem.

Mas quais são as especificidades do DI que o diferencia de outras áreas do design? Vamos pensar juntos então no complemento instrucional. Por definição, instrução é atividade de ensino que envolve necessariamente a comunicação, por meio da qual são dadas razões, evidências, objeções, entre outras, a respeito de um fato, um princípio, um procedimento, etc. (GREEN, 1971). Assim, em grande medida, o DI está focado em materializar a comunicação feita com a finalidade de educar, lembrando que seu objetivo principal é sempre obter uma mudança de pensamento ou de comportamento de quem aprende.

Materializar a comunicação didática e apoiar a mudança de comportamento são desafios fascinantes, ainda mais se considerarmos que há variadas premissas sobre o que significa aprender e, por consequência, ensinar (como veremos no capítulo 4).

Mas será que o DI é algo tão novo como pode parecer? As origens remontam à Segunda Guerra Mundial, como mencionado na "Apresentação", quando o desafio de treinar milhares de recrutas estadunidenses em um intervalo de tempo curtíssimo, garantindo uma comunicação homogênea e eficiente, foi atendido por meio de estratégias como a instrução sequenciada e a exibição de filmes (lembrando que o cinema era a mídia inovadora na época). Com a vitória dos Estados Unidos na guerra, o modelo desenvolvido por psicólogos como Robert Gagné e Leslie Briggs foi considerado bem-sucedido; e a partir daí aumentaram os investimentos na pesquisa e na implementação de projetos desse tipo.

Nas décadas seguintes, a área de DI se consolidou com um histórico importante de pesquisas, publicações e realizações. Mas foi com a expansão da educação on-line e da educação apoiada por tecnologias que a expressão se disseminou no Brasil.

Hoje existem muitas variações para essa expressão traduzida diretamente do inglês *instructional design*, como mostra o quadro 1.

Quadro 1. Variações do termo "design instrucional"

Design instrucional	Desenho instrucional	Projeto instrucional
Design educacional	Desenho educacional	Projeto educacional
Design didático	Desenho didático	Projeto didático
Design pedagógico	Desenho pedagógico	Projeto pedagógico

Tantas variações se devem a questões como a preferência por termos em português e ao desejo de desvincular a educação de uma perspectiva instrucionista (mais transmissiva), em oposição a uma perspectiva construcionista (mais participativa e colaborativa).

Convém lembrar, contudo, que, na própria comunidade do DI, há vertentes menos ou mais construtivistas, conectivistas, cognitivistas, comportamentalistas, e por aí vai... Veremos isso com mais calma no capítulo 4.

Antes de concluirmos, temos mais um ponto a esclarecer no caldeirão de conceitos que cercam a área do DI. Há ainda quem utilize a expressão "design da aprendizagem", em uma tradução direta do inglês de *learning design*. A ideia por trás dessa opção é claramente substituir o foco no ensino pelo foco na aprendizagem. Vamos fazer uma pausa aqui para deixar bem clara a distinção entre esses dois conceitos:

> *Aprendizagem* diz respeito à ação de quem aprende (criança, adolescente, jovem ou adulto) e modifica seu próprio comportamento, conduta, conhecimentos e crenças. Ocorre por livre apreensão da realidade, independentemente do empenho de pessoas, grupos ou instituições (quando é caracterizada como aprendizagem assistemática, informal, difusa), por iniciativa voluntária e individual de quem aprende (autodidatismo ou autodidaxia), ou pode estar vinculada a processos sistemáticos, formais e regulamentados (por exemplo, o sistema regular de ensino, a formação universitária, o treinamento corporativo, o condicionamento físico, o estudo de idiomas, o ensino religioso etc.). O *ensino*

> está relacionado a um esforço intencional e orientado de pessoas, grupos ou instituições para formar ou informar os indivíduos. (FILATRO, 2004, p. 46-47, grifo nosso)

Assim, alguns acreditam que adotar a expressão "design da aprendizagem", em vez de "design instrucional", dirige todo o foco de atenção e ação para os alunos, ao contrário da educação tradicional, que foca no ensino e coloca o professor no centro do processo.

Mas nós temos uma visão mais especializada da expressão *learning design* – ela descreve uma abordagem teórico-prática de representação computacional do processo de ensino-aprendizagem, tanto quanto abrange a atividade humana de projetar unidades de estudo, atividades e ambientes de aprendizagem, e também o produto dessa atividade seguindo normas e especificações técnicas reconhecidas internacionalmente (FILATRO, 2008c).

Ou seja, em seu sentido estrito, o design da aprendizagem, como um ramo especializado do DI, também envolve tomadas de decisão sobre como apoiar a aprendizagem dos alunos.

Dito isso, optamos por manter neste livro a tradução direta design instrucional, como temos feito em publicações anteriores sobre o assunto, considerando, para isso, a definição de DI como o "processo intencional e sistemático de planejar, desenvolver e aplicar métodos, técnicas, atividades e materiais de ensino, a partir dos princípios de aprendizagem e instrução, a fim de favorecer a aprendizagem" (FILATRO, 2004, p. 64-65).

IMPORTANTE

Para resumir o que discutimos até aqui, o DI, assim como outras famílias do design, também pode ser definido como o processo (o conjunto de atividades) de identificar um problema (uma necessidade) de aprendizagem e desenhar, implementar e avaliar uma solução educacional para esse problema (FILATRO, 2008a).

QUEM FAZ O DESIGN INSTRUCIONAL?

Quem faz o DI é chamado de designer instrucional. Essa profissão não é regulamentada no Brasil, razão pela qual pode ser livremente exercida.

Há indicações, contudo, de qual é o perfil desse profissional. No Brasil, em 1988, o então Ministério do Trabalho incluiu na Classificação Brasileira de Ocupações (CBO), sob o código 2394-35, a descrição do designer educacional (aceitando como sinônimos as variações desenhista instrucional, designer instrucional e projetista instrucional).

Segundo a CBO, o exercício dessas ocupações requer curso superior na área de Educação ou em áreas correlatas, e o desempenho pleno das atividades ocorre após três ou quatro anos de experiência profissional. Literalmente, esses profissionais:

> **Implementam, avaliam, coordenam e planejam o desenvolvimento de projetos pedagógicos/instrucionais nas modalidades de ensino presencial e/ou a distância, aplicando metodologias e técnicas para facilitar o processo de ensino e aprendizagem. Atuam em cursos acadêmicos e/ou corporativos em todos os níveis de ensino para atender as necessidades dos alunos, acompanhando e avaliando os processos educacionais. Viabilizam o trabalho coletivo, criando e organizando mecanismos de participação em programas e projetos educacionais, facilitando o processo comunicativo entre a comunidade escolar e as associações a ela vinculadas. (CBO, [s. d.])**

A CBO ainda registra que esses profissionais atuam em atividades de ensino nas esferas pública e privada, podendo ser estatutários ou empregados com carteira assinada, trabalhando tanto individualmente como em equipe interdisciplinar, com supervisão ocasional.

Nos Estados Unidos, onde o DI surgiu e se consolidou, o International Board of Standards for Training, Performance and Instruction (IBSTPI) sistematiza e revisa as competências do DI há algumas décadas. A versão atual, de 2012, organiza essas competências em cinco grupos – bases da profissão, planejamento e análise, design e desenvolvimento, avaliação e implementação, e gestão –, como mostra o quadro 2.

Quadro 2. Competências do designer instrucional segundo o IBSTPI

Bases da profissão	Nível de expertise
1. Comunicar-se, efetivamente, por meio visual, oral e escrito.	Essencial
2. Aplicar pesquisas e teorias à disciplina do DI.	Avançado
3. Atualizar e melhorar conhecimentos, habilidades e atitudes referentes ao processo do DI e áreas relacionadas.	Essencial
4. Aplicar habilidades de coleta e análise de dados em projetos do DI.	Avançado
5. Identificar e resolver problemas éticos e legais que surjam no trabalho do DI.	Essencial
Planejamento e análise	Nível de expertise
6. Conduzir uma análise de necessidades para recomendar soluções e estratégias apropriadas do DI.	Avançado
7. Identificar e descrever as características do público e do ambiente-alvo.	Essencial
8. Selecionar e usar técnicas de análise para determinar o conteúdo instrucional.	Essencial
9. Analisar as características de tecnologias existentes e emergentes e seu uso potencial.	Essencial

(continua)

Design e desenvolvimento	Nível de expertise
10. Usar o processo apropriado de design e desenvolvimento para determinado projeto.	Essencial
11. Organizar programas e/ou produtos instrucionais a ser desenhados, desenvolvidos e avaliados.	Essencial
12. Desenhar intervenções instrucionais (por exemplo, ações formais de ensino, recursos didáticos, objetos de aprendizagem, entre outros).	Essencial
13. Planejar intervenções não instrucionais (por exemplo, campanhas de conscientização, projetos comunitários, visitas a museus, entre outros).	Avançado
14. Selecionar ou modificar materiais didáticos existentes.	Essencial
15. Desenvolver materiais didáticos.	Essencial
16. Desenvolver a avaliação da aprendizagem.	Avançado
Avaliação e implementação	Nível de expertise
17. Avaliar intervenções instrucionais e não instrucionais.	Avançado
18. Revisar soluções instrucionais e não instrucionais com base em dados.	Essencial
19. Implementar, disseminar e difundir intervenções instrucionais e não instrucionais.	Avançado
Gestão	Nível de expertise
20. Aplicar habilidades de negócio para administrar a função do DI.	Gerencial
21. Promover parcerias e relacionamentos colaborativos.	Gerencial
22. Planejar e gerenciar projetos do DI.	Avançado

Fonte: adaptado de IBSTPI (2012).[1]

---

1 Tradução alinhada com a de Romiszowski (IBSTPI, 2002).

Essas competências multidisciplinares nos dão uma ideia de que, para exercer o DI, o profissional precisa ter uma formação calcada em diferentes bases teórico-práticas. Há um forte fundamento educacional, com o conhecimento das teorias de aprendizagem, de organização curricular, metodologias, sistemáticas de avaliação, mediação humana e apoio docente, entre outros. Mas é necessário também ter um domínio de aspectos informacionais e comunicacionais, incluindo uma gama de tecnologias e mídias utilizadas com finalidade educacional. E existe ainda uma vertente ligada à gestão, englobando gerenciamento de projetos, administração de recursos humanos, financeiros e materiais, gestão do tempo, logística e administração de contratos.

Parte dessas competências é desenvolvida nos cursos tradicionais que formam professores e especialistas em educação. Em sentido amplo, professores do ensino fundamental e médio, do ensino técnico e profissionalizante, do ensino superior, da educação continuada e corporativa, especialistas em educação e coordenadores de cursos, consultores independentes, autores de cursos e de materiais didáticos (conteudistas), editores de materiais didáticos impressos ou digitais e produtores audiovisuais aplicam, em maior ou menor grau, elementos do DI em seu trabalho, de modo consciente ou não. Assim, mesmo que não se autodenominem designers instrucionais, estão utilizando algo dessa metodologia (TRACTENBERG, 2022).

Por outro lado, existem profissionais com formação especializada em DI (geralmente no nível de pós-graduação) ou que estão há tempos atuando na área e que adquiriram experiência na criação de materiais didáticos, no planejamento de cursos e outras soluções educacionais e/ou no gerenciamento de projetos instrucionais. Eles geralmente trabalham em instituições que oferecem educação a distância (EAD), em editoras e empresas fornecedoras de conteúdos, em sistemas ou redes de ensino, em universidades corporativas ou, ainda, em instituições do ensino superior (IES).

EXEMPLIFICANDO

Veja a seguir um exemplo de vaga para designer instrucional em classificados, com o contexto de atuação, as atribuições profissionais e os requisitos para exercer a função.

VAGA DE DESIGNER INSTRUCIONAL[2]

A EMPRESA

Somos uma escola digital que contribui para a trajetória profissional de maneira prática e humanizada. Mais que criar conteúdo de qualidade, nosso objetivo é proporcionar uma experiência incrível para cada novo aluno, acompanhando de perto suas necessidades e seus objetivos profissionais. Como designer instrucional, você atuará diretamente no planejamento pedagógico de nossos cursos, utilizando estratégias e técnicas de ensino-aprendizagem.

ATRIBUIÇÕES DO CARGO

Suas principais atribuições serão:

- Estruturação pedagógica dos cursos, sendo responsável pela preparação de cronogramas e pelo planejamento de disciplinas.
- Criação de materiais educacionais *e-learning* para serem utilizados em nossa plataforma e curadoria de conteúdos já desenvolvidos.

---

2 O exemplo foi extraído da plataforma Glassdoor em 23 fev. 2021 e adaptado para omitir dados da empresa contratante. Para uma consulta atualizada, veja: https://www.glassdoor.com.br/.

- Elaboração e organização de mapas de conteúdos para os instrutores.
- Ministração de treinamentos comportamentais e técnicos on-line para a nossa comunidade.
- Entendimento do público-alvo e implementação de melhorias educacionais.
- Desenvolvimento de avaliações sobre cursos, instrutores e mentores.

REQUISITOS

- Experiência no desenvolvimento de programas educacionais no formato on-line.
- Conhecimento em métodos e técnicas de design educacional.
- Comunicação oral e escrita impecáveis.
- Bom trabalho em equipe.
- Inglês fluente.

DESEJÁVEL

- Superior completo em pedagogia ou áreas afins.
- Conhecimento de ambientes virtuais de aprendizagem.
- Experiência de trabalho em *startups*.

BENEFÍCIOS

- Salário competitivo.
- Pacote de *stock options*.
- Horário flexível de trabalho.
- Oportunidade de participar gratuitamente dos cursos da empresa.

Embora o mercado nacional ainda seja incipiente, em organizações mais estruturadas, os designers instrucionais "profissionais" podem exercer cargos em diferentes níveis:

- **Juniores:** dominam as competências essenciais do IBSTPI, com foco no design fino das unidades de estudo (organização de textos, encomenda de ilustrações, roteirização de áudios e vídeos, design de telas, etc.).

- **Plenos:** dominam as competências essenciais e as competências avançadas do IBSTPI, com foco em planejamento e avaliação de projetos instrucionais.

- **Seniores:** dominam as competências essenciais, as competências avançadas e as competências gerenciais do IBSTPI, com foco em gestão de equipes e de projetos instrucionais.

Na maioria das vezes, o designer instrucional trabalha junto de equipes multidisciplinares. Especialmente em projetos formais, estão envolvidos um "cliente" (aquele que solicita uma solução educacional), um ou mais especialistas em conteúdo (conteudistas), especialistas em produção de mídias e especialistas em tecnologia (por exemplo, designers gráficos e designers de games), além de um ou mais gestores.

Cada um desses grupos de especialistas vem de culturas profissionais diferentes e carrega o próprio conjunto de expectativas, vocabulários, metodologias, experiências anteriores, valores e até visões de mundo. Uma das responsabilidades do designer instrucional é fazer circular o conhecimento de profissionais com características tão distintas e competências complementares, visando sempre encontrar soluções para necessidades educacionais específicas.

Esse cenário complexo se deve ao fato de que a educação, seja ela presencial, híbrida ou a distância, é também um fenômeno complexo. Prover soluções para os problemas educacionais contemporâneos demanda cada vez mais a combinação de competências de várias áreas do conhecimento, entre as quais se destacam as ciências humanas, as ciências da informação e da comunicação e as ciências da administração. Não por acaso, essas três vertentes fazem parte dos fundamentos do DI.

QUAIS SÃO AS CONTRIBUIÇÕES DO DESIGN INSTRUCIONAL NA ATUAÇÃO DOCENTE?

Como vimos, os professores aplicam, de modo consciente ou não, elementos do DI no próprio trabalho. A questão é se essa aplicação tem sido suficiente para melhorar a prática deles.

A tecnologia está mudando rápida e intensamente o que os alunos aprendem e como eles aprendem, e responder às mudanças trazidas pela tecnologia se tornou uma questão crítica para os professores. Uma das contribuições do DI é justamente apoiar a prática profissional docente, de modo que os professores possam não apenas seguir a inovação tecnológica, mas, na medida do possível, liderá-la.

IMPORTANTE

No livro *Teaching as a design science* [O ensino como uma ciência do design], a professora e pesquisadora Diana Laurillard (2012) defende a ideia de que ensinar é, sim, uma arte, porque exige criatividade e imaginação – os professores descobrem o tempo todo formas de inspirar e entusiasmar seus alunos. Mas não basta que os alunos tenham uma experiência de aprendizagem poderosa: o essencial é eles desenvolverem seus conhecimentos e suas capacidades pessoais. Por essa razão, o ensino deve ir além da arte, porque possui uma meta formalmente definida. O ensino também é uma ciência, mas não uma ciência do tipo teórica, que explica os fenômenos do mundo natural ou social. Ele está mais próximo de ciências práticas como a engenharia, a computação ou a arquitetura, cujo objetivo principal é tornar o mundo um lugar melhor. Essas ciências são chamadas de "ciências do design" e se valem das teorias para construir princípios de design. Da mesma maneira, o ensino se apoia nas teorias de aprendizagem existentes para construir princípios de design que vão favorecer a aprendizagem dos alunos.

27

Assim, considerando o ensino como uma ciência do design, os professores podem usufruir dos fundamentos teóricos e dos relatos de experiência da área do DI para:

- melhorar continuamente a própria prática docente;
- utilizar uma metodologia formal para projetar e testar melhorias na prática;
- construir soluções educacionais a partir da pesquisa e da prática que outros realizaram;
- representar e compartilhar a própria prática, bem como os resultados alcançados e de que maneira eles se relacionam com os elementos do DI.

O DI também tem sido considerado a ciência de "ligação" entre a teoria e a prática. No decorrer dos próximos capítulos, veremos como essa ligação pode ser fortalecida de modo que a prática docente seja cada vez mais informada para enfrentar os desafios da educação contemporânea.

SÍNTESE

Neste capítulo, estudamos o conceito de DI e suas variações (design/desenho/projeto educacional, didático e pedagógico). Também nos debruçamos sobre o DI como ocupação exercida por profissionais especializados e também como metodologia praticada por professores, coordenadores e outros especialistas em educação. Dessa maneira, lançamos as bases para compreender vários outros aspectos do DI, que serão abordados nos capítulos a seguir.

CAPÍTULO 2

Elementos e fases do design instrucional

Após o estudo deste capítulo, você será capaz de:

- identificar os elementos do design instrucional;
- distinguir as fases do design instrucional.

Neste capítulo, conheceremos os elementos do design instrucional (DI) e as fases do processo clássico dele – análise, design, desenvolvimento, implementação e avaliação. Dessa maneira, compreenderemos em linhas gerais como o processo do DI acontece.

QUAIS SÃO OS PRINCIPAIS ELEMENTOS DO DESIGN INSTRUCIONAL?

Entender o DI está muito relacionado a compreender o processo de ensino aprendizagem. E, principalmente, tem a ver com identificar os fatores-chave que podem promover o êxito da experiência de aprendizagem.

Quais são esses fatores? São as partes componentes – os elementos do DI – que podem ser resumidas em um conjunto de perguntas norteadoras, como mostra o quadro 1.

Quadro 1. Questões relacionadas aos elementos do design instrucional

Questões norteadoras	Elementos do DI
• Quais são as necessidades de aprendizagem dos alunos, suas experiências anteriores e seus valores relacionados ao que será aprendido?	Caracterização do público-alvo e dos papéis de aprendizagem e apoio.
• Que resultados em termos de mudanças de pensamento ou comportamento se espera atingir?	Definição dos objetivos de aprendizagem.
• Que experiências de aprendizagem possibilitam o alcance desses objetivos?	Escolha de métodos, estratégias e atividades de aprendizagem.
• Como organizar essas experiências de modo engajador e eficiente?	Design de unidades de estudo, sequências didáticas e/ou trilhas de aprendizagem.
• Como verificar se os resultados esperados foram ou estão sendo alcançados?	Proposta de avaliação da aprendizagem.

Fonte: adaptado de Filatro *et al.* (2019); Cennamo e Kalk (2019).

Basicamente, as partes que compõem o DI refletem os elementos do processo de ensino-aprendizagem. De maneira resumida:

- As pessoas aprendem quando interagem com conteúdos, ferramentas e outras pessoas, ou seja, quando realizam atividades de aprendizagem que lhes permitem interagir com o mundo.

- Nas situações didáticas formais, as pessoas buscam alcançar objetivos de aprendizagem em um período definido.

- Para isso, contam com ambientes de aprendizagem constituídos por objetos de aprendizagem em diversas mídias (como textos, áudios, vídeos e animações) e por serviços tecnológicos (como ferramentas para comunicação, edição de documentos e pesquisa).

- Nos ambientes de aprendizagem, as pessoas assumem papéis e realizam atividades que podem ser: de aprendizagem (por exemplo, um aluno interagindo individualmente com conteúdos no modelo de autoestudo ou um aluno interagindo com um grupo de colegas para desenvolver um projeto prático); e de apoio (por exemplo, um professor apoiando o desenvolvimento de projetos, um monitor apoiando a prática em laboratórios, um representante da comunidade compartilhando sua experiência de vida).

- As pessoas que realizam atividades de aprendizagem geram respostas que se tornam objeto de orientação, feedback e avaliação por parte das pessoas que exercem algum papel de apoio.[1]

Essa é uma maneira abstrata e genérica de descrever uma situação de aprendizagem. Como se dará essa dinâmica entre aprendizes e educadores e de que modo ocorrerá a interação entre aprendizes e conteúdos ou ferramentas são definições feitas durante o processo de DI.

Vale lembrar que a tomada de decisão sobre esses vários elementos é influenciada por premissas sobre o que significa aprender, ensinar e avaliar. Cada teoria de aprendizagem tem uma visão particular sobre essas questões, a qual, na prática, resulta em métodos, estratégias e técnicas diferenciadas, como veremos no capítulo 4.

AS FASES DO DESIGN INSTRUCIONAL

Considerados os elementos do DI, vamos pensar agora nas várias formas de colocá-lo em prática. Basicamente, o processo de DI segue uma lógica que busca:

1.	identificar uma necessidade educacional;
2.	projetar a solução educacional que atenda a essa necessidade;
3.	desenvolver a solução projetada;
4.	implementar a solução desenvolvida;
5.	avaliar a solução implementada.

---

1 Conforme Filatro e Cairo (2015).

Em linhas gerais, essas cinco fases – não importa se com outros nomes ou agrupadas em fases mais amplas – estão presentes em qualquer abordagem de design.

Essas fases também correspondem a um dos modelos mais conhecidos de DI: o modelo Addie. A sigla representa as fases de análise, design, desenvolvimento, implementação e avaliação (o "e" vem do inglês *evaluation*), que veremos com mais detalhes a seguir.

Uma observação importante é que vamos explorar essas fases do ponto de vista do designer instrucional, que comumente recebe demandas como desenvolver um curso totalmente do zero sobre temáticas ou competências para as quais ainda não há nenhuma solução educacional estruturada.

Assim, veremos neste capítulo o passo a passo do DI no modelo mais clássico possível. Ao longo dos capítulos seguintes, vamos explorar atividades dessas fases de maneira mais adaptada à atuação docente.

FASE DE ANÁLISE

Muitas vezes, quando somos desafiados a criar um curso ou um novo material didático, tendemos a partir diretamente para a execução. Ao fazermos isso, deixamos de lado uma fase muito importante: entender qual é a necessidade real que está motivando a criação dessas soluções educacionais.

É exatamente disso que trata a fase de análise: compreender qual é a demanda que precisa ser atendida e – tão importante quanto – conhecer o perfil das pessoas envolvidas com ela. Assim, a fase de análise consiste basicamente em:

1. identificar quais são as necessidades de aprendizagem;
2. caracterizar quais são as pessoas que têm essas necessidades;
3. levantar as potencialidades e as restrições do contexto no qual as necessidades de aprendizagem estão inseridas.

Quanto mais bem compreendidos forem esses três aspectos, maiores serão as chances de chegarmos a uma solução educacional adequada.

! IMPORTANTE

Na fase de análise, procuramos responder a algumas questões norteadoras, que estão reunidas no quadro 2.

Quadro 2. Questões norteadoras para a fase de análise

Questões norteadoras	Atividades de análise
▪ Qual é a necessidade de aprendizagem a ser atendida ou o problema educacional a ser resolvido? ▪ Para que essa solução educacional é necessária? ▪ No que ela se diferencia de outras soluções educacionais (anteriores ou atuais, internas ou externas)? ▪ Por que deve ser oferecida neste momento, neste contexto e em um formato específico?	❯ Identificar as necessidades de aprendizagem.
▪ O que os alunos já sabem a respeito e o que precisam/querem saber? ▪ Quais são seus estilos de aprendizagem e como são ou foram suas experiências educacionais anteriores ou concomitantes? ▪ Em que ambientes e situações os alunos aplicarão os conhecimentos, as habilidades e as atitudes aprendidas?	❯ Caracterizar o público-alvo.
▪ Qual equipe ou parceiro externo está disponível para desenvolver a solução educacional? ▪ Quais são as restrições e as questões técnicas dos envolvidos? ▪ Quais são as limitações orçamentárias? ▪ Quais são os prazos-limite para colocar em prática a solução educacional? ▪ Quais aspectos culturais e legais devem ser considerados?	❯ Levantar as potencialidades e as restrições do contexto.

Fonte: adaptado de Filatro (2004); Filatro *et al.* (2019).

Nos projetos profissionais do DI, o resultado da fase de análise é registrado em algum tipo de relatório formal, *briefing* ou mesmo um canvas (prancha em que são resumidas todas as informações), que é validado pelo cliente (quem levantou a necessidade de aprendizagem) e compartilhado com as equipes responsáveis pelo desenvolvimento da solução.

FASE DE DESIGN

Uma vez que a análise do contexto tenha sido realizada, temos em mão vários subsídios para desenhar uma solução educacional apropriada. A fase de design abarca, assim, o planejamento geral da solução que atenderá às necessidades de aprendizagem, além de ser adequada ao público envolvido e levar em consideração as potencialidades e as restrições do contexto institucional.

Nela são tomadas decisões relativas aos elementos do DI – objetivos de aprendizagem e/ou competências a serem desenvolvidas, estratégias para avaliar se os objetivos foram alcançados, tipos de atividades de aprendizagem e de apoio propostas, formas de interação entre as pessoas, estrutura dos conteúdos a serem trabalhados, mídias e tecnologias utilizadas e duração estimada (carga horária e cronograma aproximado).

Esses elementos, interligados, compõem as experiências de aprendizagem que serão propostas e vivenciadas na fase de implementação do DI.

IMPORTANTE

Na fase de design, procuramos responder a algumas questões norteadoras, que estão reunidas no quadro 3.

Quadro 3. Questões norteadoras para a fase de design

Questões norteadoras	Atividades de design
▪ Quais são os resultados de aprendizagem (mudança de pensamento ou comportamento) desejados?	❯ Identificar os objetivos de aprendizagem/competências a serem desenvolvidos.
▪ Que métodos e técnicas contribuem para o alcance desses objetivos?	❯ Definir as atividades de aprendizagem e de apoio.
▪ Que conteúdos são necessários para a realização das atividades de aprendizagem?	❯ Mapear, estruturar e sequenciar conteúdos.
▪ Quais são as linguagens e os formatos mais apropriados para apresentar os conteúdos?	❯ Selecionar mídias.
▪ Quais são as ferramentas necessárias para a realização das atividades de aprendizagem e de apoio?	❯ Selecionar tecnologias.
▪ Em que sequência as atividades devem ser realizadas?	❯ Definir experiências de aprendizagem organizadas em trilhas ou sequências didáticas.
▪ Como saber que os objetivos de aprendizagem foram alcançados?	❯ Propor modelo de avaliação.

Fonte: adaptado de Filatro (2004); Filatro *et al.* (2019).

As formas de registrar as decisões da fase de design são variadas, e a maioria delas equivale a algum tipo de plano de ensino ou roteiro de aulas, também conhecido como matriz de planejamento ou matriz de design instrucional.

FASE DE DESENVOLVIMENTO

Na fase de desenvolvimento, tudo o que foi concebido na fase de design é transformado em algo concreto. Materiais didáticos são produzidos, ambientes de aprendizagem (físico e digital) são organizados, equipes são capacitadas. Enfim, tudo é preparado em detalhes para apoiar a interação dos aprendizes com conteúdos, ferramentas e pessoas.

IMPORTANTE

Na fase de desenvolvimento, procuramos responder a algumas questões norteadoras, que estão reunidas no quadro 4.

Quadro 4. Questões norteadoras para a fase de desenvolvimento

Questões norteadoras	Atividades de desenvolvimento
Quais recursos de aprendizagem precisam ser criados do zero?	Elaborar recursos inéditos (autoria).
Quais recursos prontos (próprios ou de terceiros) podem ser aproveitados?	Selecionar materiais prontos (curadoria).
Quais mídias precisam ser produzidas?	Produzir textos, áudios, vídeos, multimídia.
Qual a estrutura do ambiente de aprendizagem (físico e virtual)?	Preparar os ambientes de aprendizagem.
Qual a preparação necessária para as equipes envolvidas?	Capacitar equipes.
Em que medida o que foi produzido está de acordo com o que foi projetado?	Validar produtos.

Fonte: adaptado de Filatro (2004); Filatro *et al.* (2019).

A fase de desenvolvimento costuma ser a mais complexa, por envolver a produção de vários elementos que precisam ser elaborados, roteirizados, diagramados, editados, revisados, validados e empacotados. Quanto mais profissionalizada for essa produção, maior será o número de etapas e subetapas envolvidas.

Em muitas instituições, a produção acontece internamente. Outras, que não possuem uma equipe especializada ou dedicada, costumam firmar parcerias externas para o desenvolvimento dos materiais. Nesse caso, a equipe interna assume a responsabilidade de validar se o que foi produzido corresponde ao que foi projetado na fase de design.

FASE DE IMPLEMENTAÇÃO

É na fase de implementação que ocorre a ação educacional propriamente dita. Ou seja, são aplicados e colocados à prova as decisões de design e os materiais produzidos para apoiar as experiências de aprendizagem projetadas.

Dependendo da abordagem educacional adotada, as experiências de aprendizagem vivenciadas pelos alunos podem ser menos ou mais interativas, e calcadas em menor ou maior interação com conteúdos, ferramentas e pessoas.

IMPORTANTE

Na fase de implementação, procuramos responder a algumas questões norteadoras, que estão reunidas no quadro 5.

Quadro 5. Questões norteadoras para a fase de implementação

Questões norteadoras	Atividades de implementação
• Os alunos precisam ser matriculados ou cadastrados para terem acesso aos ambientes de aprendizagem e/ou a determinados recursos?	Definir o fluxo de inscrições.
• De que os alunos precisam para acompanhar o design projetado?	Prover oportunidades de ambientação.
• Como se dá o apoio pedagógico, técnico e administrativo aos alunos?	Indicar canais de atendimento.
• Como os alunos estão vivenciando as experiências de aprendizagem propostas?	Monitorar dados de avaliação.

Fonte: adaptado de Filatro (2004); Filatro *et al.* (2019).

Na fase de implementação, os atores principais são aqueles que vivenciam as experiências de aprendizagem propostas (alunos) e aqueles que oferecem apoio pedagógico, técnico e administrativo (professores, tutores, monitores, pessoal de suporte técnico, etc.).

Sabemos que, em modelos mais estruturados de ensino, há menor flexibilidade na sequência didática – seja porque cada aluno segue um encadeamento linear de atividades predefinidas, seja porque um grupo de alunos segue uma proposta comum a ser realizada em conjunto, com a supervisão de um professor.

Em modelos mais flexíveis, os alunos têm maior autonomia para seguir uma trilha de atividades no próprio ritmo e de acordo com os próprios interesses; ou, no caso de comunidades de aprendizagem, a solução educacional segue aberta para adaptações como resultado das interações realizadas pelo grupo.

FASE DE AVALIAÇÃO

Na fase de avaliação, há dois pontos de interesse: os resultados de aprendizagem e a efetividade da solução educacional proposta.

A avaliação da aprendizagem geralmente ocorre na fase de implementação do DI, ou seja, durante a situação didática.

Em alguns casos, acontece logo no início da ação didática (avaliação diagnóstica), para verificar se os alunos possuem certos conhecimentos, habilidades e atitudes ou mesmo para levantar expectativas relativas à aprendizagem.

A avaliação da aprendizagem ainda perpassa, de maneira formal ou informal, todo o processo de ensino-aprendizagem (avaliação formativa ou processual) e culmina em uma avaliação final para a verificação de resultados individuais e coletivos consolidados (avaliação somativa), como veremos com mais detalhes no capítulo 8.

Vale lembrar que a avaliação não se esgota no intervalo de tempo reservado à ação de aprendizagem em si. Ou seja, pode se estender para além da fase de implementação do DI. É o que ocorre na avaliação de egressos no ensino superior e na educação profissional e técnica.

O segundo aspecto da avaliação do ponto de vista do DI é a avaliação da solução educacional, que está voltada para a efetividade da proposta projetada, desenvolvida e implementada.

Parte dessa avaliação é realizada pela equipe interna que levou a cabo o desenvolvimento e a implementação da solução educacional, mas também são consultados alunos e professores, que são as partes diretamente envolvidas, além de outras pessoas interessadas, por exemplo:

- pais ou responsáveis, no caso da educação básica;
- futuros ou atuais empregadores, gestores, colegas de trabalho e eventualmente clientes ou usuários, no caso da educação corporativa;
- futuros empregadores e associações profissionais, no caso do ensino superior e da educação profissional e tecnológica.

> **IMPORTANTE**
>
> Na fase de avaliação, procuramos responder a algumas questões norteadoras, que estão reunidas no quadro 6.

Quadro 6. Questões norteadoras para a fase de avaliação

Questões norteadoras	Atividades de avaliação
<ul><li>Quais são os resultados de aprendizagem (índices de aprovação, desistência, reprovação, abandono)?</li><li>Quais instrumentos são utilizados para realizar essa avaliação?</li><li>A quem essa avaliação deve ser reportada?</li></ul>	Avaliar a aprendizagem.
<ul><li>Como a solução educacional será avaliada (por meio de observação, testes, feedback constante)?</li><li>Quem fará essa avaliação?</li></ul>	Avaliar a solução educacional.
<ul><li>Quais são os problemas detectados na fase de implementação? Que erros podem ser corrigidos?</li><li>Em que medida a solução educacional pode ser aperfeiçoada?</li><li>Que ações devem ser tomadas para possibilitar a continuidade ou novas edições do projeto?</li></ul>	Revisar e adaptar a solução educacional.

Fonte: adaptado de Filatro (2004); Filatro *et al.* (2019).

É importante observar que, além da função diagnóstica e formativa da avaliação da aprendizagem, há um componente de prestação de contas na avaliação somativa, realizada ao final de uma ação de aprendizagem. É o momento de verificar se todo o esforço de projetar, desenvolver e implementar determinada solução educacional compensou em termos de:

- satisfação dos envolvidos (a experiência de aprendizagem foi motivadora, significativa e relevante?);
- resultados alcançados (a experiência de aprendizagem gerou a mudança de pensamento ou de comportamento desejada?).

Desse modo, a fase de avaliação completa o ciclo de ensino-aprendizagem e do próprio DI, em um processo reflexivo e iterativo que atravessa as demais fases com o objetivo de auxiliar os alunos a alcançarem os objetivos de aprendizagem e ajudar o professor e a instituição de ensino a aperfeiçoarem suas ações para a oferta de uma solução educacional efetiva.

INTEGRAÇÃO ENTRE AS FASES DO DESIGN INSTRUCIONAL

A divisão do processo de DI em fases tem finalidade didática. Na prática, elas muitas vezes se sobrepõem. Isso é mais evidente na fase de avaliação, em especial na avaliação da solução educacional, que costuma ocorrer ao longo de todo o processo.

Figura 1. As fases do DI muitas vezes se sobrepõem para a concretização do processo.

Também é comum que a fase de análise não se esgote no início de um projeto; à medida que avançamos nas fases de design e desenvolvimento, aprendemos mais sobre as necessidades de aprendizagem e sobre o contexto no qual elas estão inseridas. E, logicamente, é na fase de implementação que de fato as pessoas diretamente envolvidas – alunos e professores – se revelam em sua plenitude.

Por essa razão, modelos contemporâneos do DI, como o DI 4.0 (FILATRO *et al.*, 2019), procuram trazer representantes do público-alvo para as fases iniciais do projeto. Dessa maneira, conseguem obter a perspectiva deles sobre as necessidades de aprendizagem e incorporar seus *insights* para o design das soluções. Como consequência, as experiências de aprendizagem são projetadas de modo que realmente façam sentido para quem vai vivenciá-las.

SÍNTESE

Neste capítulo, estudamos os elementos e as fases do DI, buscando explorar da maneira mais didática possível as atividades envolvidas no seu processo. Vimos que existe uma multiplicidade de modelos para colocar em prática esse processo, alguns deles clássicos, como o modelo Addie, e outros contemporâneos, como o DI 4.0, cuja principal característica é a centralidade nas pessoas. Este é, aliás, o tema de nosso próximo capítulo.

CAPÍTULO 3

A figura central do design instrucional: o aprendiz

Após o estudo deste capítulo, você será capaz de:

- conceituar a aprendizagem centrada no aluno;
- entender o conceito de aprendizagem personalizada;
- reconhecer formas de conhecer melhor o aluno.

Você provavelmente concordará que, no estágio atual das discussões sobre educação, ninguém pode ir contra a ideia de que os alunos devem estar no centro do processo de aprendizagem. Esse já virou um mantra disseminado na comunidade educacional. Mas o que isso significa na prática? E será que o design instrucional (DI) tem algo a contribuir nesse sentido?

Vamos estudar neste capítulo por que o aprendiz é a figura central no DI, o que isso quer dizer e como podemos conhecer melhor nosso aluno para que o DI projetado, desenvolvido e implementado realmente o coloque no centro do processo de ensino-aprendizagem.

CONTRIBUIÇÕES DO DESIGN INSTRUCIONAL PARA A APRENDIZAGEM CENTRADA NO ALUNO

Como o DI muitas vezes trabalha com necessidades de aprendizagem totalmente novas, para as quais não há um histórico de soluções anteriores, na fase de análise é feito um diagnóstico fino de quem são as pessoas afetadas por determinado problema.

Na educação básica, no ensino superior e na educação profissional e tecnológica, contudo, tendemos a olhar o público-alvo das ações de aprendizagem como conhecido. Afinal, existe uma experiência de anos, senão de décadas, no "negócio de dar aulas" nesses contextos.

Figura 1. Os alunos são o centro do processo de aprendizagem.

Mas será que realmente sabemos quem são nossos alunos, quais são seus conhecimentos prévios sobre determinados conteúdos ou competências, suas expectativas em relação à aprendizagem, as estratégias de estudo que eles preferem e o que de fato os motiva a estudar? Vamos pensar mais detidamente nessa questão, começando pelas transformações que estão batendo à porta dos sistemas formais de educação e da maneira clássica de ensinar.

MODELOS EDUCACIONAIS EMERGENTES

Como regra geral, o professor é pressionado por tantas tarefas escolares ou acadêmicas que tende a confiar na interação natural com os alunos para saber quem eles realmente são e o que desejam ou do que precisam. Mas, quando entram em cena modelos emergentes como o ensino híbrido, a EAD e a aprendizagem personalizada, a coisa muda de figura. A interação humana, face a face, em tempo real, que ocorre em caráter tradicional durante a fase de implementação (a situação didática propriamente dita), pode não ser suficiente. Esse é um ponto com o qual o DI pode contribuir de fato para a organização do trabalho pedagógico.

Vejamos: nos modelos híbridos e na EAD, o aluno está distante do professor (física e temporalmente). Como o ensino e a aprendizagem não acontecem ao mesmo tempo nem no mesmo espaço, o professor não pode mais contar com as pistas presenciais com as quais está acostumado na relação face a face: gestos, postura, movimento ocular, linguagem silenciosa, etc.

Nos modelos híbridos e totalmente a distância, as mídias e tecnologias desempenham um papel importante na mediação pedagógica. E faz parte da teoria e da prática do DI desenvolver soluções apoiadas por esses recursos.

APRENDIZAGEM PERSONALIZADA

Todos reconhecemos que um bom professor é aquele capaz de atender às necessidades de um grupo (ou turma) de alunos e também de cada aprendiz individualmente. Em uma sala de aula convencional, se o professor nota que um aluno tem dificuldades em um tópico de conteúdo ou habilidade, ele explica o assunto novamente e com outras palavras, dá novos exemplos, aconselha, motiva, sugere leituras, propõe exercícios complementares, etc.

Na maioria dos casos, porém, no ensino convencional, o professor tem um tempo limitado para oferecer atendimento personalizado. As turmas são grandes, os horários de aula são rígidos, o currículo é extenso e as horas dedicadas às atividades complementares são poucas.

Diante dessas condições, é uma arte o professor alcançar um maior grau de personalização em sua interação com os alunos. Então, de quais maneiras a concepção do ensino como ciência (prática) do design pode ajudar o professor a aumentar o potencial de personalização?

Para responder a essa indagação, precisamos considerar o conceito de aprendizagem personalizada no sentido mais estrito da expressão.

Embora as origens da aprendizagem personalizada remontem aos anos 1970, ela vem alcançando prestígio crescente como conceito. Por exemplo, em 2010, o Departamento de Educação dos Estados Unidos definiu "personalização" em seu relatório do Plano Nacional de Tecnologia da Educação:

> Personalização se refere à instrução que é definida de acordo com as necessidades de aprendizagem, e então adaptada às preferências de aprendizagem e aos interesses específicos de diferentes alunos. Em um ambiente totalmente personalizado, os objetivos e o conteúdo da aprendizagem, bem como o método e o ritmo, podem variar (portanto, a personalização envolve diferenciação e individualização). (UNITED STATES DEPARTMENT OF EDUCATION, 2010, p. 12)

Nessa definição, aparecem outros dois termos: diferenciação e individualização. Vamos tentar resumir as diferenças, conforme apontadas por Bray e McClaskey (2015):

- Na personalização, o aluno participa ativamente do design de sua própria aprendizagem; é responsável, portanto, por escolher o que e como aprender.

- Na diferenciação, o professor considera as necessidades de aprendizagem de diferentes grupos de alunos; é responsável, portanto, por projetar uma variedade de percursos para diferentes grupos de alunos.

- Na individualização, o professor customiza o DI com base nas necessidades dos alunos individuais; é responsável, portanto, por modificar a proposta diante das demandas de cada aluno individual.

Nessas três formas de adaptar a proposta do DI ao perfil dos alunos, o que mais se destaca é o foco principal no aprendiz. Vamos explorar um pouco mais essa ideia de centralidade do DI (e da educação como um todo) nas pessoas.

PARADIGMA EDUCACIONAL CENTRADO NO ALUNO

De acordo com McCombs e Whisler (1997), o paradigma educacional centrado no aluno pode ser entendido de maneira simples como:

> [...] a perspectiva que reúne um *foco nos aprendizes individuais* (sua hereditariedade, experiências, perspectivas, *backgrounds*, talentos, interesses, capacidades e necessidades) com um *foco na aprendizagem* propriamente dita (reunindo o melhor conhecimento disponível sobre a aprendizagem e como ela ocorre e sobre práticas de ensino mais efetivas na promoção dos mais elevados níveis de motivação, aprendizagem e realização para todos os alunos). (MCCOMBS; WHISLER, 1997, p. 9, grifos nossos)

Um dos pilares desse paradigma é que o progresso da aprendizagem deve ser baseado nas realizações e conquistas do aluno, e não no tempo que ele passa estudando. É algo diferente do que ocorre na educação regular, na qual os alunos seguem cursando séries independentemente de terem aprendido de fato o que foi proposto.

Nesse sentido, no que diz respeito à avaliação da aprendizagem, o paradigma do DI centrado no aluno requer que o desempenho docente seja referenciado por critérios de realização. Por exemplo, um aluno avança quando está pronto para seguir adiante, em vez de ir no mesmo ritmo preestabelecido para todos.

ESTUDO DE CASO

Meu primeiro emprego como professora foi em uma escola montessoriana. E isso aconteceu lá na década de 1980! A proposta de aprendizagem era totalmente personalizada: o professor construía uma série de fichas com os conteúdos e as atividades das diferentes matérias, e cada aluno ia cumprindo os desafios propostos no próprio ritmo. Na mesma classe, no mesmo horário, havia um aluno estudando ciências, outro, matemática, outro, língua portuguesa; outros alunos estavam no chamado "cantinho de leitura", lendo livros da própria escolha, enquanto outros realizavam, juntos, um trabalho de Arte no "cantinho da criatividade". Conforme avançavam nas fichas propostas, recebiam orientação e apoio do professor, que registrava cada conquista em uma matriz de atividades individualizada. Ao final do bimestre, era possível fazer uma avaliação personalizada do progresso de cada aluno.

Está claro que nesse paradigma há mudanças importantes quanto ao papel dos alunos. Em vez de uma postura passiva e dirigida pelo professor, espera-se deles uma postura ativa e autodirigida, que implica:

- desenhar a própria aprendizagem (por meio da seleção de objetivos, tarefas e formas de interação);
- "aprender fazendo" (em vez de apenas ouvindo, assistindo ou lendo);
- regular e avaliar a própria aprendizagem;
- assumir o papel de professor em algumas ocasiões.

O papel do professor também se altera, é claro. Recorrendo a um trocadilho em inglês, em vez de ser um *sage on the stage* (um "sábio no palco"), o professor se torna um *guide on the side* (um "guia ao lado"). Isso significa assumir novas funções, por exemplo:

- **Codesigner:** apoiando o aluno na definição dos objetivos de aprendizagem, na seleção de tarefas e na criação de um plano de estudo ou contrato de aprendizagem.
- **Facilitador:** apoiando o aluno na realização das atividades, nos relacionamentos interpessoais e no desenvolvimento emocional; dando feedback sempre que necessário; oferecendo demonstrações e explicações; provendo avaliação formativa e somativa no momento que essa facilitação é necessária.
- **Mentor:** motivando e guiando o aluno em todos os aspectos de seu desenvolvimento.

O papel das tecnologias na aprendizagem personalizada também merece destaque, ao incluir a manutenção de registros para a aprendizagem do aluno, ferramentas de planejamento, apresentação de conteúdos, realização de atividades e avaliação da aprendizagem.

CONHECENDO MELHOR OS ALUNOS

Se a centralidade dos alunos é tão crucial na educação contemporânea, como o DI pode trazer ciência à arte de conhecê-los melhor?

Vimos no capítulo 2 que caracterizar o público-alvo é uma das atividades da fase de análise do DI. Essa caracterização envolve vários aspectos: o perfil demográfico e digital dos alunos, seus conhecimentos prévios, suas experiências educacionais anteriores, suas preferências ou estilos de aprendizagem, fatores motivacionais e também o contexto de aplicação da aprendizagem no presente ou no futuro (FILATRO; CAIRO, 2015).

Características complementares incluem atitude em relação ao assunto, domínio de idiomas, diferenças culturais, características físicas (como aptidão física ou deficiência) e habilidades motoras específicas. São tantas as variáveis que compõem o perfil dos alunos que é praticamente impossível dominar todas elas. As decisões mais importantes, então, são:

- definir quais características do aluno mais influenciarão determinado tipo de aprendizagem;
- como coletar os dados necessários para identificar essas características.

Nas seções a seguir, vamos pensar em algumas dessas características e nas maneiras de reunir mais informações que nos ajudem a desenhar soluções educacionais centradas nas pessoas.

PERFIL DEMOGRÁFICO

O perfil demográfico dos alunos inclui dados sobre idade, gênero, etnia, nacionalidade, localização geográfica e renda familiar, entre outros.

Embora esse perfil possa parecer óbvio ao professor acostumado a dar aulas há muito tempo – "Crianças do 2º ano são sempre crianças do 2º ano" ou "Calouros de universidade são sempre calouros" –, nem sempre a percepção pessoal do professor espelha fidedignamente a realidade, ainda mais em um contexto de tantas mudanças como o que temos vivido.

Em geral, é responsabilidade da instituição coletar esses dados básicos por meio de questionários e registros internos, em especial quando não houver dados públicos disponíveis. Mas o próprio professor, ou um grupo de professores, pode eventualmente elaborar um questionário simples para que os alunos ou seus pais ou responsáveis – quando for o caso – respondam a perguntas relacionadas ao perfil demográfico.

Ferramentas abertas, gratuitas e de simples manuseio, como os Formulários Google e o SurveyMonkey, podem ajudar a compor o perfil coletivo de uma turma sem a necessidade de identificação pessoal. Caso seja indispensável identificar nominalmente as respostas, o professor deve observar os cuidados na proteção dos dados individualizados.

CONSULTANDO A LEGISLAÇÃO SOBRE PRIVACIDADE E PROTEÇÃO DE DADOS

Precisamos observar aqui que existe uma legislação específica nacional que protege os dados pessoais – aqueles que identificam os alunos individualmente. É a Lei Geral de Proteção de Dados Pessoais (LGPD), que entrou em vigor no Brasil em setembro de 2020 (BRASIL, 2018). A LGPD deve ser considerada ao lidar com os dados dos alunos, e essa exigência se torna ainda mais séria quando se trata de alunos menores de idade, que contam com uma seção específica na lei.

PERFIL DIGITAL

Para além do perfil demográfico, precisamos conhecer também o perfil digital dos alunos. Vivemos em um contexto cada vez mais permeado por mídias e tecnologias, daí a necessidade de obter dados sobre infraestrutura e condições de acesso e sobre o interesse e o envolvimento dos alunos com aplicativos, informações digitais e redes sociais.

Figura 2. Alunos envolvidos com o mundo digital.

Alguns autores vinculam o perfil digital a faixas etárias, por causa da possibilidade de acesso das diferentes gerações ao mundo analógico ou digital. A chamada geração net (ou geração digital), por exemplo, já chegou à universidade e ao mercado de trabalho, enquanto a iGeração ocupa os bancos escolares da educação básica compulsória.

Sabemos que muitos outros fatores além da faixa etária, como nível socioeconômico, formação escolar, cultura regional e traços de personalidade, influenciam a relação das pessoas com as mídias e as tecnologias. Isso é ainda mais evidente em nosso país, em que uma grande parcela da população tem acesso limitado às tecnologias.

Para conhecer o perfil digital dos alunos, podemos recorrer a levantamentos nacionais que investigam o acesso, o uso e a apropriação das tecnologias no território nacional, como as pesquisas TIC Domicílios e TIC Educação – ambas realizadas pelo Centro Regional de Estudos para o Desenvolvimento da Sociedade da Informação (Cetic.br), um departamento do Núcleo de Informação e Coordenação do Ponto BR (NIC.br), que, por sua vez, é ligado ao Comitê Gestor da Internet no Brasil (CGI.br).

EXEMPLIFICANDO

Para você ter uma ideia, segundo a última edição da TIC Domicílios, 61% dos domicílios brasileiros não contavam com computador (90% entre as classes D e E) e 18% não possuíam acesso à internet, proporção que atingia 39% entre os domicílios de classes D e E (CETIC.BR, 2021).

Mais especificamente, a TIC Educação 2019 constatou que 39% dos alunos das escolas públicas não possuem computador ou tablet em casa, e apenas 28% das escolas urbanas contam com um ambiente de ensino a distância (CETIC.BR, 2019). O telefone celular é utilizado para acessar a rede por 98% dos alunos, sendo esse o único dispositivo de acesso para 18% dos respondentes da pesquisa.

Os levantamentos nacionais contêm dados regionalizados que podem nos ajudar a compreender o perfil digital em nossa localidade geográfica. No entanto, a rede de ensino, a instituição ou mesmo o professor ou um grupo de professores pode fazer uma pesquisa mais contextualizada ainda.

PARA SABER MAIS

Para conhecer o estudo de caso ao qual foi aplicado um diagnóstico de proficiência digital, ver o artigo "Medindo a proficiência digital: uma abordagem simples usando um instrumento on-line", de Euro Marques Jr., José Dutra de Oliveira Neto e Emília de Mendonça Rosa Marques (2013), apresentado no XIX Congresso Internacional Abed de Educação a Distância.

Pode-se inclusive empregar os mesmos critérios adotados nas pesquisas nacionais, como intensidade de uso diário da internet, tipo de equipamentos e dispositivos utilizados (computadores, tablets, celulares), local de acesso à internet, habilidades no uso de computador e internet, tipos de atividades realizadas, percepção sobre os efeitos da internet nas atividades de aprendizagem e redes sociais acessadas.

COMPETÊNCIAS DE ENTRADA

Além das características gerais dos alunos, há as chamadas competências de entrada, ou seja, os pré-requisitos de conhecimento, habilidades e atitudes que os alunos devem possuir para que possam acompanhar a proposta do DI.

No ensino seriado, parece evidente que um aluno do 8º ano possui os conhecimentos necessários para cursar o 9º ano ou que um aluno no 3º ano de graduação conheça tópicos abordados nas disciplinas dos anos anteriores. Sabemos, por experiência, que nem sempre isso corresponde à realidade que enfrentamos na sala de aula.

Tanto é verdade que iniciativas preparatórias para o Enem, por exemplo, partem de uma avaliação diagnóstica das competências adquiridas pelos alunos em diversas áreas do conhecimento para só então oferecer conteúdos complementares que os preparem de acordo com as necessidades específicas deles.

EXEMPLIFICANDO

Um exemplo de personalização da aprendizagem é oferecido pela Geekie One, uma plataforma de ensino adaptativo com base em dados. Por meio de avaliações diagnósticas, o sistema mapeia os pontos fracos dos estudantes e, a partir daí, sugere planos de estudo personalizados.

Então, uma estratégia recomendável em qualquer ação de aprendizagem é fazer um diagnóstico dos conhecimentos anteriores dos aprendizes na área de conhecimento ou quanto à prática que será explorada.

Para isso, o professor pode trabalhar com um mapa de competências, caso já exista, ou então com um mapa mental no qual representará graficamente todos os conceitos, as habilidades e as atitudes envolvidos naquela ação de aprendizagem.

Figura 3. Diagnóstico dos conhecimentos anteriores.

O passo seguinte é elaborar um instrumento de avaliação para verificar o quanto os alunos dominam desse mapeamento. O professor pode aplicar um diagnóstico coletivo, por meio do qual obtém uma visão geral do grupo ou da turma por meio de questionários sem identificação individual.

Nesse caso, o professor terá um retrato coletivo e poderá ajustar sua proposta inicial para atender em bloco às necessidades do grupo. Ele até poderá aplicar a diferenciação, desenhando uma variedade de percursos conforme as demandas de diversos grupos de alunos.

Caso o professor tenha condições de individualizar a proposta do DI segundo as necessidades de cada aluno, ele pode aplicar um questionário com respostas identificadas, a partir das quais fará recomendações personalizadas.

Esse segundo caso remete ao que fazem os sistemas de recomendação com base em inteligência artificial – só que eles operam com base em regras condicionais por meio das quais: *se* um aluno emitir determinada resposta, *então* lhe será recomendado determinado conteúdo ou atividade (FILATRO, 2021).

É claro que o professor pode bater um papo com seus alunos, individualmente ou em grupos, e assim obter retornos relacionados ao que eles já conhecem sobre determinado assunto. A partir daí, pode adaptar sua proposta ao perfil dos discentes. Afinal, é isso o que faz um bom professor! O papel do DI é antecipar percursos possíveis nas fases de design e desenvolvimento para que as adaptações já estejam "prontas" na fase de implementação.

ESTILOS DE APRENDIZAGEM

Outra característica dos alunos que pode influenciar a maneira como eles aprendem são os estilos de aprendizagem. Há várias categorizações de estilos de aprendizagem que revelam as preferências dos alunos por métodos e estratégias de estudo.

Uma das categorizações mais conhecidas é o modelo VAKT (visual, auditivo, cinestésico e tátil), que explica as diferenças individuais com base em modalidades de percepção sensorial. Essa categorização tem sido utilizada para identificar que tipos de mídias e linguagens seriam mais adequadas a cada aluno (FILATRO, 2018).

Outra categorização, essa bastante aceita pela comunidade acadêmica, é o modelo de dependência/independência de campo. A ideia é que as pessoas se dividam em dois grupos:

- As pessoas dependentes de campo requerem mais estrutura externa, maior direcionamento e mais feedback, por isso necessitam de instruções mais explícitas; elas também possuem habilidades interpessoais mais desenvolvidas, razão pela qual apreciam resolver problemas práticos e aprender de modo colaborativo.
- As pessoas independentes de campo costumam perseguir objetivos autodefinidos e se saem melhor quando podem escolher as próprias estratégias de estudo, por isso não exigem tanta estrutura ou feedback externo; elas têm facilidade para resolver problemas analíticos, porque se adaptam melhor à abstração.

Essa categorização tem sido empregada para oferecer aos alunos pelo menos duas formas de estudo – uma mais orientada e estruturada para os dependentes de campo e outra mais aberta à livre exploração pelos independentes de campo (FILATRO, 2018).

Em geral, os estilos de aprendizagem são identificados a partir de questionários autorrespondidos, cujas respostas indicam a predominância de um ou outro estilo.

PARA SABER MAIS

Para saber mais a respeito dessa temática, você pode acessar um curso, elaborado em 2014, chamado Estilos de aprendizagem (FILATRO, 2014). O material completo está disponível gratuitamente no Repositório Institucional da Escola Nacional de Administração Pública (Enap).

Embora o tema "estilos de aprendizagem" seja cercado de grande controvérsia, com críticas direcionadas à sua validade científica, é inegável que, assim como as pessoas são diferentes entre si, elas também aprendem ou preferem aprender de maneiras distintas. Assim, privilegiar uma única forma de ensinar – seja ela individual ou colaborativa, mais estruturada ou mais livre, com a "mão na massa" ou de modo mais analítico – não atenderá à diversidade de preferências de aprendizagem por parte dos alunos.

PERSONAS

Uma estratégia que permite resumir várias características do perfil de um grupo de estudantes é a persona. Trata-se da representação de um "aluno típico", com necessidades, comportamentos e preferências similares.

Para construir uma persona, deve-se criar uma representação visual, como uma foto ou um desenho do aluno típico. Também é importante escolher um nome descritivo que traduza uma ou mais características desse perfil. Por exemplo, Li-ligada aponta para o perfil de alunas superconectadas digitalmente, e Distantino, para o perfil de alunos pouco engajados nas atividades escolares.

A persona é descrita ainda em termos demográficos: gênero, faixa etária, etnia, estado civil e renda – o que for relevante para compreender o perfil do aluno.

E, para além desses dados básicos, a persona apresenta características como gostos pessoais, personalidade, sonhos, motivações, valores, medos e desejos. Esses aspectos podem ser listados na forma de itens e complementados com citações de figuras admiradas (esportistas, artistas, políticos), estilos de comportamento valorizados ("o voluntário", "a skatista", "o festeiro"), canais de comunicação preferenciais (TikTok, batalha de rimas, blog pessoal), etc.

Algo que não pode faltar na persona é uma frase que sintetize a motivação daquele aluno em relação ao estudo, à instituição de ensino ou a uma área de conhecimento. Por exemplo, "Só quero o diploma" ou "Quero ser grande".

Veja na figura 4 um exemplo de persona construída para descrever o perfil de aluno típico de um curso voltado para adultos (Educação de Jovens e Adultos – EJA).

Preferencialmente, a criação da persona deve ser feita por um grupo multidisciplinar e, se possível, incluindo representantes dos alunos. A ideia é evitar uma visão de fora para dentro, que pode apenas reforçar vieses, em vez de refletir uma perspectiva multifacetada. (É só imaginar como os alunos poderiam ser cruéis ao criar uma persona para um professor típico, caso mantivessem apenas o próprio olhar em relação a essa personagem.)

Como técnica, as personas são usadas há muito tempo, a princípio na área de desenvolvimento de software, depois na área de marketing e negócios. Mas, recentemente, vêm sendo empregadas como parte de abordagens de design na educação, como design thinking e design da experiência de aprendizagem.[1]

Nome:
MARIA LUTADORA

Idade:
55 ANOS

Ocupação:
CORTADORA DE CANA

PERSONALIDADE:
corajosa, trabalhadora, endurecida pela vida.

MOTIVAÇÕES:
sobrevivência da família, formatura dos filhos, fé em um futuro melhor.

OBJETIVOS:
aprender a ler, escrever e fazer contas, conseguir uma ocupação menos desgastante.

PROBLEMAS E FRUSTRAÇÕES:
cansaço do trabalho pesado, frustração por não ter tido a oportunidade de estudar.

LEMA:
Quem trabalha sempre alcança!

Figura 4. Exemplo de persona.

Fonte: foto de Cícero R. C. Omena/Wikimedia Commons (2005).

---

[1] Design da experiência de aprendizagem é uma das abordagens que fundamentam o chamado DI 4.0, como o DI clássico, o design thinking na educação e o design instrucional orientado a dados (FILATRO *et al.*, 2019).

Uma grande virtude de trabalhar com personas é a possibilidade de criar empatia em relação às pessoas que utilizarão um produto ou serviço que está sendo desenhado. Trazendo o conceito para o campo do DI, empatia é uma palavra-chave ao procurar entender como nossos alunos pensam, se comportam, encaram o presente e sonham com o futuro.

PARA SABER MAIS

Para conhecer técnicas que envolvem empatia, como a entrevista e a prototipação empática, veja Cavalcanti e Filatro (2017).

Em uma ação de aprendizagem presencial, é (mais) natural que o professor desenvolva empatia com relação aos alunos. A convivência diária ou semanal, a interação face a face e o famoso "olho no olho" favorecem o desenvolvimento de uma compreensão emocional das necessidades e dos interesses dos alunos.

Figura 5. Empatia como palavra-chave no design instrucional.

Ainda que uma atitude empática não seja garantida apenas pelo fato de as pessoas interagirem em um ambiente presencial, há alguns obstáculos a serem superados nas ações de aprendizagem totalmente a distância ou híbridas. O principal deles é que o design e o desenvolvimento dos conteúdos, das atividades de aprendizagem, dos instrumentos de avaliação, etc. geralmente acontecem antes que os alunos entrem em cena na fase de implementação.

Empatia envolve observação, imersão no contexto e conversa. Então, o que o DI faz, ao utilizar técnicas empáticas como a persona, é antecipar e reunir informações sobre os alunos. Dessa maneira, a etapa de análise é complementada com informações que as pesquisas quantitativas dificilmente captam.

SÍNTESE

Neste capítulo, colocamos o aprendiz no centro do processo educacional e do processo do DI. Como consequência, a participação ativa passa a ser tão valorizada a ponto de o aluno se tornar também o designer da própria aprendizagem. Destacamos aqui a tendência à personalização, de modo que um modelo único, que funciona para todos os alunos de um grupo ou uma turma, seja substituído ou complementado por um modelo mais flexível e capaz de reconhecer as diferenças entre as pessoas e as diversas formas de aprender. Vimos também como podemos conhecer melhor o perfil de nossos alunos para que a aprendizagem centrada nas pessoas possa ser realmente colocada em prática.

CAPÍTULO 4

Fundamentos teóricos para o design instrucional

Após o estudo deste capítulo, você será capaz de:

- distinguir os conceitos de pedagogia, andragogia e heutagogia;
- reconhecer as diferenças entre as abordagens pedagógicas, andragógicas e heutagógicas;
- identificar as implicações dos fundamentos teóricos para a prática do design instrucional.

Neste capítulo, vamos visitar alguns fundamentos que subsidiam a prática do design instrucional (DI). Começaremos por três grandes conceitos organizadores – pedagogia, andragogia e heutagogia – que nos ajudam a localizar didaticamente as teorias que explicam o que é aprender e, por consequência, o que é ensinar.

Sob cada um desses três grandes guarda-chuvas, apresentaremos rapidamente as abordagens teóricas predominantes, para, ao final, verificarmos como o DI é influenciado por essas diferentes concepções fundamentais.

PEDAGOGIA, ANDRAGOGIA E HEUTAGOGIA

Sendo a educação um fenômeno humano, histórico e multidimensional, nele estão presentes diferentes dimensões: humana, técnica, cognitiva, emocional, sociopolítica e cultural (MIZUKAMI, 1986). E, de acordo com a teoria e/ou a abordagem do processo ensino-aprendizagem adotada, lida--se com um ou outro elemento do fenômeno educacional.

Esta seção traz um breve panorama dos guarda-chuvas teóricos que abrigam diferentes abordagens educacionais. Contudo, é necessário pedir licença aos estudiosos que investem anos de pesquisa para teorizar sobre os conceitos tratados aqui rapidamente. Nosso propósito maior é organizar as ideias e relacioná-las com a prática do DI.

PEDAGOGIA

O termo "pedagogia" tem origem na Grécia Antiga; ele era usado em referência ao escravo ou guia que conduzia as crianças até o mestre. A palavra deriva do grego *paidós* = criança e *agogus* = guiar, conduzir, educar.

Esse campo se consolidou na Europa no século VII, com a sistematização do ensino monástico, que também foi o fundamento das primeiras ações educacionais oferecidas pelos jesuítas no período colonial da história brasileira. Como vigorava à época, prevalecia o modelo diretivo centrado na atuação do professor e na transferência de informações em um ambiente formal de educação.

De lá para cá, a educação formal de crianças e adolescentes se tornou mandatória praticamente em todo o globo, e inúmeras pesquisas, abordagens e experiências práticas seguem na tentativa de romper com modelos calcados no ensino transmissivo e na autoridade do professor.

De fato, a pedagogia comporta hoje uma série de abordagens centradas no aluno e em sua participação ativa no mundo. Abrange desde o construtivismo de Jean Piaget até as ideias de Lev Vygotsky, para quem o conhecimento aprendido é construído socialmente, passando ainda pelo comportamentalismo de Skinner e pelo cognitivismo de Newell e Simon, como veremos com mais detalhes a seguir.

Figura 1. Inúmeras abordagens educacionais nos dias de hoje tentam romper com o modelo diretivo.

ABORDAGEM COMPORTAMENTALISTA

A abordagem comportamentalista foi desenvolvida com base em experimentos com animais e mais tarde aplicada à aprendizagem humana (DE VILLIERS, 2003). O comportamento de um organismo é visto como uma função de estímulos externos, e a aprendizagem é considerada a construção de um conjunto de associações entre estímulos e respostas, induzidas pela repetição e pelo esforço.

Na aprendizagem humana, estímulos do ambiente geram respostas. O padrão de comportamento estímulo-resposta é manifestado em reações observáveis do aluno. As respostas corretas devem ser recompensadas com reforço imediato, conduzindo a um paradigma baseado em estímulo-resposta-reforço (figura 2).

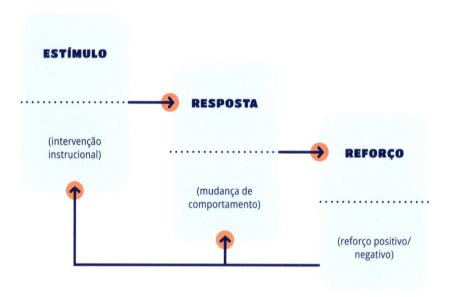

Figura 2. Paradigma estímulo-resposta-reforço.

Fonte: adaptado de De Villiers (2003).

Burrhus F. Skinner, pioneiro da psicologia experimental, é expoente clássico dessa teoria. Segundo Skinner (2003), a realidade é um fenômeno objetivo, o mundo já é construído e o ser humano é produto do meio. Assim, a ênfase no ambiente torna-se clara, constituindo-se em um conjunto de contingências de reforço. O indivíduo é um ser passivo que responde ao que dele é esperado.

 PARA SABER MAIS

Para conhecer melhor o perfil e a obra de Burrhus Frederic Skinner, você pode consultar o artigo da revista *Nova Escola* intitulado "B.F. Skinner: o cientista do comportamento e do aprendizado" (NOVA ESCOLA, [s. d.]).

Skinner relutou em referir-se ao papel da atividade conceitual interna como parte dos processos de aprendizagem, uma vez que ela não é observável. Da mesma maneira, a abordagem comportamentalista evita referir-se aos processos cognitivos internos, preferindo lidar com comportamentos e habilidades observáveis, daí o termo "comportamentalismo". Ou seja, para essa abordagem, os resultados da aprendizagem são demonstrados por comportamentos mensuráveis observáveis. A intervenção instrucional, acompanhada por reforço seletivo, é usada para moldar a aprendizagem.

COGNITIVISMO

No final dos anos 1960, iniciou-se uma revolução na teoria educacional, à medida que o foco da psicologia se voltou para os processos mentais envolvidos na aprendizagem.

Para os psicólogos cognitivistas, a aprendizagem tem menos a ver com respostas comportamentais – o que os alunos fazem – e mais com o que os alunos sabem e como adquirem esse saber.

As teorias da ciência cognitiva veem a aprendizagem como a execução de processos cognitivos internos, como pensamento, lembrança, conceitualização, aplicação e solução de problemas. A aprendizagem envolve a reorganização das estruturas de conhecimento.

Os cognitivistas defendem que as habilidades de pensamento e estratégias cognitivas de ordem superior devem ser explicitamente incorporadas à aprendizagem e aos materiais instrucionais a fim de otimizar os processos internos de cognição humana. Nesse sentido, De Villiers (2003) destaca os seguintes aspectos:

- **Representação do conhecimento:** a atividade cognitiva capacita os seres humanos a construir e manipular representações ou modelos mentais internos, chamados de esquemas ou modelos mentais.[1]

---

1 Um esquema ou quadro (*frame*) é uma estrutura mental com abertura a objetos (conceitos) e suas propriedades e a *links* (associações) que representam relacionamentos com outros objetos. Um modelo mental é um modelo que as pessoas constroem em sua mente e aquilo que guia o uso que elas fazem das coisas. Ele não precisa ser tecnicamente acurado (e geralmente não é), mas deve ser funcional. Os modelos mentais de uma pessoa são limitados por seu conhecimento e sua experiência prévia com sistemas similares e pela própria estrutura do sistema de processamento de informação humano.

- **Relacionamento entre os conhecimentos prévios e os novos conhecimentos:** os novos conhecimentos são adquiridos por acréscimo a esquemas preexistentes, por meio de refinação e reestruturação.

- **Estratégias cognitivas:** estratégias como a divisão em pequenos *chunks* (pedaços), mapas conceituais, organizadores prévios,[2] metáforas,[3] repetições, representações visuais e mnemônicos[4] podem ser projetadas pelo designer instrucional ou pelo professor ou podem ser praticadas autonomamente pelos alunos para aperfeiçoar a cognição.

- **Participação ativa dos alunos:** na construção do conhecimento e no desenvolvimento de habilidades.

- **Desenvolvimento de habilidades de metacognição e autorregulação:**[5] quando os próprios alunos usam conscientemente estratégias cognitivas, tendem a facilitar a codificação, o armazenamento e a recuperação da informação, bem como transferir mais facilmente a aprendizagem a outros domínios e situações.

Carolei (2007) observa que, embora nos primórdios o cognitivismo se tenha fundamentado nos trabalhos de Jean Piaget (que muitos consideram estritamente construtivista) e em seu estudo sobre as fases do desenvolvimento humano (PIAGET, 1967), a abordagem cognitivista só se consolidou com o avanço da tecnologia computacional, quando um

---

2 Na perspectiva de Ausubel, Novak e Hanesian (1980), organizadores prévios (ou avançados) são materiais introdutórios apresentados antes dos conteúdos a serem aprendidos, servindo como ligação entre os conhecimentos anteriores dos alunos e os novos conhecimentos.

3 Metáforas ajudam a construir modelos mentais porque permitem recorrer ao conhecimento sobre objetos concretos e familiares, bem como experiências prévias para montar uma estrutura de conceitos abstratos. Nesse sentido, podem ser um mecanismo de *scaffolding* (andaimaria) para o aprendizado, ao possibilitar a aplicação de conhecimento previamente construído a novas situações.

4 Mnemônicos são técnicas de associação de ideias ou fatos que utilizam combinações e arranjos de elementos, palavras, imagens e números para facilitar o processamento e o armazenamento de informação.

5 Metacognição ("pensar sobre o pensar") é a capacidade de o aluno compreender, planejar, monitorar e controlar os próprios processos e o próprio desempenho cognitivo, selecionando por si mesmo estratégias de aprendizagem. Autorregulação se refere a ajustes metacognitivos contínuos feitos pelo aluno durante o processo de aprendizagem, particularmente em resposta a erros.

modelo de processamento da informação passou a comparar o cérebro a uma máquina.

Allen Newell, um dos pais da inteligência artificial, e Herbert Simon, economista laureado com o Prêmio Nobel de Economia em 1978, foram os pioneiros da análise dos processos cognitivos. Juntos, postularam uma teoria que via o ser humano como um sistema de processamento da informação voltado a pensar e a solucionar problemas. Eles propuseram que a operação tanto do computador quanto do cérebro humano pode ser representada por um modelo de processamento da informação (NEWELL; SIMON, 1976).

Segundo esse modelo, o processo de cognição envolve uma série de operações:

1. A entrada de estímulos externos é recebida por meio de receptores sensoriais.

2. A memória de curto prazo envolve:

   a. memória primária – na qual uma pequena quantidade de informação é armazenada por um período limitado (aproximadamente 20 segundos);

   b. memória de trabalho – na qual ocorre de fato o reconhecimento e a verificação de padrões entre a informação nova e a informação recuperada da memória de longo prazo.

3. A memória de longo prazo integra o novo material com os esquemas preexistentes.

A figura 3 representa graficamente essa analogia entre a aprendizagem humana e o processamento da informação.

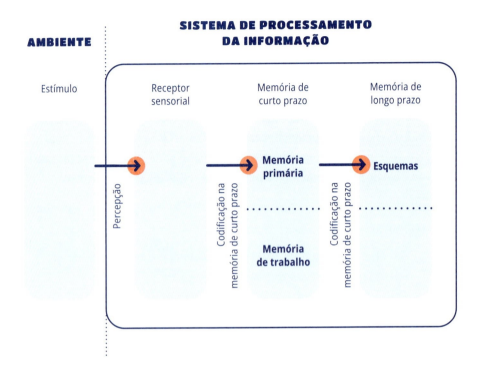

Figura 3. Sistema de processamento da informação.

Fonte: adaptado de Gagné e Glaser (1987) *apud* De Villiers (2003).

Na esteira cognitivista, várias teorias emergiram para explicar como o raciocínio e a aprendizagem humana ocorrem. Entre elas, podemos citar a teoria da aprendizagem significativa, a teoria da carga cognitiva, a teoria da flexibilidade cognitiva e a teoria da cognição situada.

Segundo Ausubel, Novak e Hanesia (1980), para que a aprendizagem significativa ocorra em uma situação social determinada, como a sala de aula, é necessário que novos conhecimentos se relacionem significativamente às ideias e às informações já existentes na estrutura cognitiva dos alunos. Nessa perspectiva, o uso de organizadores prévios e o sequenciamento de conteúdos são essenciais para o aperfeiçoamento da aprendizagem e a solução de problemas.

PARA SABER MAIS

Para conhecer melhor o perfil e a obra de David Ausubel, você pode consultar o artigo da revista *Nova Escola* intitulado "David Ausubel e a aprendizagem significativa", de Elisângela Fernandes (2011).

O modelo de aquisição e retenção de conhecimento de Ausubel envolve vários processos:

- **Subsunção:** novos significados e exemplos são adicionados a um conceito existente, chamado subsunçor.
- **Diferenciação progressiva:** novos conceitos ganham significado maior à medida que novos relacionamentos são estabelecidos.
- **Aprendizagem superordenada:** são criados "guarda-chuvas" para conceitos existentes.
- **Reconciliação integrativa:** reconhecimento de novas ligações entre conjuntos relacionados de conceitos ou proposições.

Já a teoria da carga cognitiva foi elaborada pelo psicólogo australiano John Sweller (SWELLER; VAN MERRIENBOER; PAAS, 1998), com base em dezenas de estudos e pesquisas experimentais, e aplica-se a diferentes tipos de conteúdo, mídias, áreas do conhecimento e perfis de alunos.

Essa teoria baseia-se em teoria cognitiva mais ampla, que explica como os seres humanos percebem, processam, codificam, armazenam, recuperam e utilizam as informações, especialmente quando elas são apresentadas em suportes de mídia como o livro impresso ou digital e os recursos audiovisuais como os vídeos, os arquivos de áudio e os recursos multimídia.

Na teoria cognitiva, considera-se que alguém aprendeu quando armazenou a nova informação na memória de longo prazo e se tornou capaz de recuperá-la em novas situações, quando necessário.

O cerne da teoria cognitiva apoia-se na impossibilidade natural de o ser humano processar simultaneamente uma grande quantidade de informações. Assim, ocorre sobrecarga cognitiva, que dificulta ou mesmo inviabiliza a aprendizagem, quando várias fontes de informação competem entre si pela limitada capacidade de processamento cognitivo. Segundo Sweller, existem diferentes tipos de carga cognitiva:

- **Intrínseca:** imposta pela complexidade inerente a um conteúdo estudado e determinada principalmente pelos conhecimentos e habilidades associados aos objetivos de aprendizagem.

- **Relevante:** um trabalho mental imposto por atividades que contribuem para o alcance dos objetivos de aprendizagem.

- **Extrínseca ou irrelevante:** aquela que "drena" valiosos recursos cognitivos, que de outra maneira poderiam ser destinados à carga cognitiva relevante.

Em termos instrucionais, não é possível alterar a carga cognitiva intrínseca, mas, sim, administrá-la, por exemplo, distribuindo tarefas complexas em uma série de tópicos ou seções menores. A ideia é reduzir a carga irrelevante (informações dispensáveis), aumentar a carga relevante (desafios) e gerenciar a carga intrínseca (por exemplo, pelo sequenciamento e pela exposição didática dos conteúdos).

Alguns exemplos de balanceamento da carga cognitiva são:

- Apresentar textos claros e diretos ou ressaltar os objetivos de uma unidade de estudo ajuda o aluno a concentrar-se nos elementos mais importantes.

- Eliminar informações visuais irrelevantes, que não estejam relacionadas ao conteúdo, ajuda a liberar a memória de trabalho para os processos de articulação das novas informações junto aos esquemas mentais preexistentes.

- Não exigir do aluno conhecimentos prévios de que ele não dispõe não o sobrecarrega com carga cognitiva superior àquela que ele é capaz de gerenciar de uma única vez.

- Graduar a complexidade dos tópicos apresentados incrementa passo a passo a introdução de novas informações e, sempre que possível, aproveita conhecimentos preexistentes do aluno para, com ele, construir pontes que estabeleçam novos significados e novas relações.

- Dosar o ritmo de apresentação de tópicos e subtópicos destinados a iniciantes ou a iniciados em determinado tema equilibra o desafio de compreender novas informações com a capacidade real de processá-las cognitivamente.

Vejamos agora o que diz a teoria da flexibilidade cognitiva, desenvolvida por Rand Spiro *et al.* (1988) como uma variante do cognitivismo.

Essa teoria se aplica à aprendizagem de conhecimentos de nível avançado, em domínios complexos e pouco estruturados, nos quais vários conceitos, temas e perspectivas interagem entre si. Ela enfatiza a apresentação de informações a partir de múltiplas perspectivas e a análise de casos para ilustrar diversos exemplos (CARVALHO, 2000).

Em termos instrucionais, ela tem como princípios fundamentais:

- As atividades de aprendizagem precisam prover múltiplas representações do conteúdo.

- Os materiais instrucionais devem evitar a supersimplificação dos conteúdos a fim de torná-los compreensíveis para os alunos. Assim, sugere-se que os alunos sejam expostos à complexidade desde o início, trabalhando com situações extraídas de contextos autênticos.

- A instrução deve ser baseada em casos e valorizar a construção, em vez da transmissão do conhecimento.

- As fontes de conhecimento devem ser altamente interconectadas, em vez de compartimentalizadas.

Por fim, a teoria da cognição situada, proposta por Lave e Wenger (1990), sustenta que a aprendizagem ocorre mais efetivamente quando contextualizada em ambientes realistas, em vez de se isolar a instrução em contextos educacionais artificiais. Quando um contexto não é o mundo real, pode ser simulado ou tornado mais autêntico pela provisão de ferramentas e atividades realísticas.

Assim como a teoria da flexibilidade cognitiva, a cognição situada vai além da ciência cognitiva, ao apresentar situações complexas e ilógicas, enquanto a aprendizagem cognitiva assume que os problemas são bem estruturados e podem ser resolvidos por raciocínio.

(SOCIO)CONSTRUTIVISMO

Segundo Carolei (2007), há abordagens pedagógicas que não se apoiam nem na influência determinante do ambiente, nem na maturação orgânica das estruturas fisiológicas internas do sujeito, mas na interação entre elas, na modificação permanente tanto do ambiente pelo ser humano como do indivíduo pelo ambiente. Por essa razão, essas abordagens são referidas como interacionistas.

As abordagens mais conhecidas que se alinham ao paradigma interacionista são o construtivismo e o sociointeracionismo, que, para fins didáticos, denominaremos respectivamente construtivismo individual e construtivismo social, conforme Smith e Ragan (2005).

As premissas fundamentais do construtivismo individual são:

- O conhecimento é construído a partir da experiência.
- A aprendizagem decorre da interpretação pessoal do conhecimento.
- A aprendizagem é um processo ativo no qual se constroem significados a partir da experiência individual.

A grande fonte de inspiração do construtivismo é a concepção genético-evolutiva de Jean Piaget (1967), biólogo, psicólogo e epistemólogo suíço, segundo a qual o conhecimento é fruto da interação entre o sujeito e o mundo exterior, por meio de um processo permanente de (re)construção que resulta na formação das estruturas cognitivas.

! PARA SABER MAIS

Para conhecer um pouco mais sobre o perfil e a obra de Jean Piaget, você pode consultar o artigo da revista *Nova Escola* intitulado "Jean Piaget: o biólogo que pôs a aprendizagem no microscópio" (NOVA ESCOLA, 2015).

Se as estruturas lógicas do pensamento são elaboradas ativamente pelo indivíduo, a aprendizagem não pode equivaler a uma recepção passiva do conhecimento. O ensino é, nessa perspectiva, a ação de potencializar e favorecer a construção de estruturas cognitivas.

Embora Piaget seja considerado um pensador que estabeleceu as bases do cognitivismo, ele é uma das grandes fontes de inspiração do construtivismo. Para ele, a aprendizagem é uma experiência pessoal e idiossincrática, que ocorre quando indivíduos desenvolvem conhecimento e compreensão por meio da formação e do refinamento de conceitos.

Não existe um modelo pedagógico piagetiano. O que existe é uma teoria de desenvolvimento humano que traz implicações para o processo de ensino-aprendizagem.

Na visão de Piaget, o conhecimento humano é essencialmente ativo e não está nem no sujeito e nem no objeto. O conhecimento é construído na interação do sujeito com o objeto. Nessa perspectiva, uma educação concebida na abordagem piagetiana procurará provocar nos alunos, constantemente, a busca de novas soluções, criará situações que exijam o máximo de exploração e envolvimento e estimulará novas estratégias de compreensão da realidade. O ensino compatível com essa abordagem deve ter base no ensaio e no erro, na pesquisa, na investigação e na solução de problemas por parte do aluno.

Falamos até aqui do construtivismo individual. O construtivismo social, por sua vez, apoia-se na premissa-chave de que a aprendizagem é colaborativa, com significados negociados a partir de múltiplas perspectivas. Ou seja, a descoberta individual tem o ambiente social como suporte.

O construtivismo social (ou sociointeracionismo) tem como principal representante o psicólogo belorrusso Lev Vygotsky (1988; 1989), que baseou sua teoria no materialismo histórico e na natureza dialética e social do conhecimento. Ele destaca a importância dos instrumentos criados pelo ser humano, como esses instrumentos – incluindo a linguagem – modificam o mundo e o próprio sujeito, servindo como mediadores e potencializando o corpo e a mente.

PARA SABER MAIS

Para conhecer um pouco mais sobre o perfil e a abordagem pedagógica de Lev Vygotsky, você pode consultar o artigo da revista *Nova Escola* intitulado "Lev Vygotsky: o teórico do ensino como processo social", de Márcio Ferrari (2008).

Alguns princípios importantes derivam dessa abordagem:

- A descoberta individual é apoiada pelo ambiente social.
- A ênfase está no modo como conceitos e habilidades emergentes são apoiados pelos outros, de modo que o aluno vá além do que seria capaz individualmente (zona de desenvolvimento proximal – ZDP).
- O foco está nos papéis dos alunos em atividades colaborativas e na natureza das tarefas desempenhadas, com oportunidades para discussão, debate e responsabilidade compartilhada.

Consideradas as abordagens individuais e sociais abordadas até aqui, De Villiers (2003) arrola as características-chave do (socio)construtivismo:

- **Participação ativa:** o papel da atividade é vital para a aprendizagem, razão pela qual os educadores não devem focar meramente na entrega de informação a alunos passivos, decidindo o que e como eles devem aprender. Em vez disso, a ênfase deve estar em atividades experienciais e caminhos alternativos em ambientes construtivistas de aprendizagem nos quais os alunos possam interagir, explorar e extrair informação relevante.

- **Complexidade e valorização do conflito cognitivo:** tentativas de simplificar a aprendizagem podem, na verdade, restringir o processamento mental, em vez de promover o engajamento e o aperfeiçoamento. Para os construtivistas, o conflito cognitivo é um estímulo à aprendizagem.

- **Múltiplas perspectivas:** os alunos precisam ser expostos a várias perspectivas sobre um assunto e a diferentes abordagens do mesmo tema, para que sejam capazes de avaliar entendimentos alternativos.

- **Contexto do mundo real:** as situações do mundo real são diferentes dos problemas bem estruturados apresentados nos livros didáticos; um princípio da aprendizagem construtivista é identificar onde/quando as habilidades serão utilizadas e situar as experiências de aprendizagem em um contexto relevante.

- **Autorregulação e motivação intrínseca:** os alunos devem assumir a responsabilidade pela própria aprendizagem e ser encorajados à autorregulação: planejar e estabelecer objetivos, avaliar o progresso, determinar as próprias estratégias e fazer ajustes.

- **Objetivos de aprendizagem pessoais:** nos sistemas construtivistas, os alunos participam da definição dos próprios objetivos de aprendizagem, de modo que alunos diferentes têm objetivos diferentes.

- **Comportamentos de entrada flexíveis:** os construtivistas defendem uma abordagem de baixo para cima e *just-in-time* que preenche lacunas em aprendizagens anteriores, conforme surge a necessidade.

- **Visão construtiva do erro:** o erro é visto como benéfico, uma vez que a compreensão não é um evento, mas, sim, um processo.

- **Avaliação integrada:** para ser válida, a avaliação deve estar embutida no contexto de aprendizagem, em vez de baseada em testes realizados em um ambiente descontextualizado.

- **Aprendizagem colaborativa:** o conhecimento é resultado de consenso, portanto, derivado das estruturas sociais, e se efetiva mediante a negociação social de significados, com compartilhamento e debate.

IMPLICAÇÕES DAS ABORDAGENS PEDAGÓGICAS PARA O DESIGN INSTRUCIONAL

Em termos teóricos, podemos traçar um paralelo histórico entre o campo do DI e as principais abordagens pedagógicas, como mostra o quadro 1.

Quadro 1. Relações entre design instrucional e abordagens pedagógicas a partir da década de 1960

	1960–1975	1976–1988	1989–atualmente
Abordagem pedagógica	Comportamentalista	Movendo-se em direção ao cognitivismo	Seguindo a corrente em direção ao (socio) construtivismo
Ênfase	Comportamento observável	Processamento interno	Construção individual e coletiva de conhecimento
Paradigma psicológico	Psicologia comportamental	Psicologia do processamento da informação	Construção do conhecimento/ mediação social
Status do DI	Emergente	Engajado no desenvolvimento de teorias e modelos	Engajado na redefinição

Fonte: adaptado de Wilson e Cole (1996) *apud* Filatro (2004, p. 73).

Comportamentalismo no design instrucional

A abordagem comportamentalista coincide com as origens do DI, quando se buscava explicar a aprendizagem com bases estritamente científicas.

Os modelos tradicionais do DI estão construídos em grande parte sobre bases comportamentalistas. Parte-se do princípio de que um DI ótimo pode ser alcançado por meio da análise de uma situação a fim de identificar suas condições definitivas e seus resultados desejados, e então da aplicação de princípios, prescrições e estratégias a essas condições.

De fato, à medida que a abordagem comportamentalista foi cada vez mais implementada na prática educacional, os materiais de aprendizagem passaram a ser projetados explicitamente com base em um design sistemático de objetivos, conteúdos, métodos instrucionais e avaliação.

Nessa perspectiva, logo no início do processo de DI, define-se um conjunto de objetivos mensuráveis e observáveis. A instrução é destinada a conduzir os alunos a alcançar esses objetivos, por meio de métodos e estratégias instrucionais apropriados.

Essas práticas são plenamente ilustradas pelos programas de instrução programada, que se impôs a partir da década de 1950. Ela se fundamentava na definição de objetivos específicos de aprendizagem, na divisão da instrução em pequenos passos, no estabelecimento de padrões de comportamento desejados, no respeito ao ritmo de aprendizagem individual para alcançar esses padrões e no feedback imediato (FILATRO, 2004).

Especificamente no campo do DI, Robert Mager (1983), psicólogo estadunidense, publicou a partir de 1962 uma série de livros de bolso apresentando de maneira simples e didática uma metodologia para uma elaboração clara e mensurável dos objetivos de qualquer projeto instrucional.

Assim, a abordagem comportamentalista no DI defende que a instrução deve se basear em objetivos claramente especificados em termos de resultados comportamentais. Como regra geral, os objetivos são compostos por um verbo que indica ação e um componente de conteúdo que aponta para um resultado observável. Explicitar a formulação de objetivos ajuda a relacionar os objetivos instrucionais com a avaliação, promovendo um controle mais apurado.

No mesmo período, Robert Gagné, psicólogo estadunidense, buscou integrar as posições comportamentalistas e cognitivistas[6] vigentes na época. Em seu livro *The conditions of learning* [As condições da aprendizagem], lançado em 1965 e publicado no Brasil em 1971 com o título *Como se realiza a aprendizagem*, Gagné propôs nove eventos instrucionais – estratégias que podem ser usadas para prover condições externas de aprendizagem (FILATRO, 2004, p. 78):

1. Estimular a atenção.
2. Informar ao aluno os objetivos.
3. Estimular a recuperação de pré-requisitos.
4. Apresentar o material de estímulo.
5. Proporcionar ajudas pedagógicas (guiar a aprendizagem).
6. Incentivar a prática (fazer a aprendizagem acontecer).
7. Propiciar retroalimentação informativa.
8. Avaliar a execução.
9. Promover a retenção e a transferência.

Esses eventos (ou atividades de ensino) são manipuláveis, de modo que um DI bem projetado pode favorecer a aprendizagem.

Vale lembrar que a abordagem comportamentalista enfatiza o design da instrução e a transmissão do conhecimento, com o objetivo de alcançar uma aprendizagem demonstrada por mudanças comportamentais. O papel do professor é superior ao papel do aluno, que tende a receber a instrução de maneira passiva. Os eventos e os materiais são projetados para uma massa de alunos, não focados em alunos individuais.

A despeito da natureza estruturada e sistemática do comportamentalismo, historicamente suas desvantagens e rigidez começaram a evidenciar-se, em particular com a emergência da abordagem cognitivista.

---

6 Veja mais a respeito do cognitivismo na próxima seção.

Cognitivismo no design instrucional

Com a intensificação da pesquisa sobre a cognição humana e sua aplicação na área educacional, nas décadas de 1970 e 1980, a abordagem cognitivista alcançou *status* predominante sobre o comportamentalismo, inclusive no campo do DI.

A transição do comportamentalismo para o cognitivismo lançou luz sobre a questão dos objetivos instrucionais e de aprendizagem, tão cara ao DI clássico – segundo o qual, para cada objetivo de aprendizagem único, o designer instrucional prescreveria as condições instrucionais apropriadas.

Nessa esfera, o trabalho de Benjamin Bloom influenciou significativamente a sistemática do DI, na medida em que criou uma linguagem comum e padronizada para identificar e classificar os objetivos educacionais. Sua taxonomia se apoia em três domínios de aprendizagem e se tornou o padrão para classificar objetivos e atividades educacionais (REIGELUTH, 1999):

- **Domínio cognitivo:** trata da recuperação do conhecimento e do desenvolvimento de habilidades intelectuais.
- **Domínio afetivo:** descreve mudanças nos interesses, nas atitudes e nos valores.
- **Domínio psicomotor:** inclui os sentidos humanos.

No domínio cognitivo, Bloom *et al.* (1973) identificou seis grandes tipos de aprendizagem, ordenados do mais simples ao mais complexo:

1. **Conhecimento ou memorização:** recordar e reproduzir informação aprendida previamente, seja uma data, um relato, um procedimento, uma fórmula ou uma teoria.
2. **Compreensão:** entender o significado de uma informação por meio de elaboração (modificação), ou seja, ser capaz de ampliar, reduzir ou representar de outra forma uma informação original ou, ainda, prever as consequências resultantes.
3. **Aplicação:** usar uma informação genérica aprendida em situações concretas novas e específicas.

4. **Análise:** dividir a informação em partes a fim de entender sua estrutura e as relações entre os elementos.
5. **Síntese:** reunir elementos de informação para compor algo novo, que será, por si próprio, distintivo.
6. **Avaliação:** ser capaz de julgar o valor da informação para determinado propósito; envolve confrontar um dado, uma informação, uma teoria e um produto com um critério ou mais critérios de avaliação.

IMPORTANTE

Em 2001, a clássica taxonomia de objetivos educacionais de Bloom foi revisada por um grupo de especialistas liderados por Anderson e Krathwohl (2001). Nessa revisão, foram combinados o tipo de conhecimento a ser adquirido e o processo utilizado para a aquisição desse conhecimento. O tipo de conhecimento passou a ser designado por substantivos, e os processos para atingi-los começaram a ser descritos por verbos. Além disso, os níveis de conhecimento, compreensão e síntese foram renomeados para relembrar, entender e criar, respectivamente.

A abordagem cognitiva para a educação estava inicialmente centrada na instrução e no professor, considerando o aluno como alguém que armazenava e recordava informações. Mas, em meados dos anos 1990, essa compreensão foi alterada, de modo que o aluno passou a ser visto como um pensador independente, que processa a informação significativamente e a relaciona a seus conhecimentos anteriores, enquanto o professor assume o papel de um facilitador.

Como destaca De Villiers (2003), essa mudança paradigmática interna coincidiu com a emergência dos ambientes construtivistas de aprendizagem na década de 1990, embora as diferenças teóricas e práticas entre as duas abordagens sejam bem claras, como veremos a seguir.

Construtivismo no design instrucional

No início dos anos 1990, o construtivismo atingiu o mundo da educação com a força de um *tsunami*, com diversos autores publicando duras críticas aos paradigmas vigentes e propondo a abordagem construtivista como verdadeira panaceia.

No entanto, os construtivistas enfrentaram um paradoxo – como sua postura, que despreza a realidade objetiva e os significados externamente corretos, pode prescrever procedimentos sistemáticos para a instrução? Seria muito mais apropriado sugerir diretrizes e princípios, especificando prescrições e procedimentos sistemáticos.

De fato, o assim chamado construtivismo radical é essencialmente não prescritivo e contrário às normas das teorias instrucionais e dos procedimentos sistemáticos projetados para incutir informação e habilidades nos alunos. Ele não aceita a existência de qualquer mundo real ou realidade objetiva. As visões teóricas são criações pessoais, embutidas em um contexto social, dentro de uma comunidade social que aceita as premissas subjacentes à perspectiva. Não há certo ou errado em nenhum sentido absoluto. Há muitos significados ou perspectivas para qualquer evento ou conceito.

No entanto, a partir da metade da década de 1990, modelos construtivistas mais pragmáticos passaram a ser divulgados, assim como diretrizes para ambientes construtivistas de aprendizagem.

De acordo com Jonassen (1999), o propósito desses ambientes é engajar os alunos na construção de conhecimento que tem como base suas próprias interpretações da experiência e na construção de significados a partir de um modelo que inclui um problema, uma questão ou um projeto. O objetivo é resolver um problema ou desenvolver um projeto tendo como foco o ambiente real, cercado por vários sistemas de suporte intelectual.

De Villiers (2003) destaca a alegação de alguns críticos de que as ações de aprendizagem construtivista são custosas de desenvolver, requerem tecnologia para serem implementadas e são difíceis de avaliar. Nesse sentido, na última década, a internet e a web se consolidaram como ferramentas capazes de contribuir para o encaminhamento dessas questões.

Por outro lado, os próprios construtivistas reconhecem que essa abordagem, embora centrada no aluno, pode ser intimidadora e frustrante para ele, em razão de sua propensão às atividades complexas e à ausência de especificação de comportamentos de entrada apropriados.

ANDRAGOGIA

As exigências por constante aprendizado decorrentes da aceleração do conhecimento científico e tecnológico sugerem uma "era da educação continuada" (*lifelong learning*), em que a aprendizagem se torna estratégia de sobrevivência na sociedade e no mercado de trabalho (FILATRO, 2008a).

Não é à toa, portanto, que o interesse pela andragogia vem crescendo nos últimos anos, inclusive no Brasil, em um movimento semelhante ao que tem acontecido com a EAD e com o próprio campo do DI.

Figura 4. A aprendizagem tem se revelado uma estratégia de sobrevivência na sociedade e no mercado de trabalho.

O termo "andragogia" foi cunhado em 1833 pelo professor alemão Alexander Kapp para descrever o método de ensino utilizado por grandes mestres dos tempos antigos: Confúcio e Lao Tsé na China; os profetas hebreu e Jesus nos tempos bíblicos; Aristóteles, Sócrates e Platão na Grécia Antiga; e Cícero, Evelídio e Quintiliano na Roma Antiga. Todos eles foram professores de adultos, não de crianças.

De acordo com Romiszowski e Romiszowski (2005), é uma palavra originária do grego (*andros* = adulto e *agogus* = guiar, conduzir, educar) para designar a "formação de adultos" e diferenciar esse processo da pedagogia, que significa "formação de crianças".

O termo "andragogia" permaneceu esquecido por quase um século até ser utilizado por Rosenstock em 1921, em um artigo no qual defendia que a educação dirigida a adultos exigia bases filosóficas e metodológicas distintas, e depois em 1926 por Eduard C. Lindeman, em uma pesquisa intitulada "The meaning of adult education" [O significado da educação de adultos].

Para Lindeman, a principal característica da aprendizagem de adultos está na experiência:

> A experiência é o livro vivo do aprendiz adulto [...] A educação do adulto terá experiências muito distintas das experiências das crianças e a autonomia do adulto em seu processo de aprendizagem, pois adquire contornos muito diferentes, embora seja necessário criar situações de aprendizagem que favoreçam o desenvolvimento da autonomia nas crianças. (LINDEMAN, 1926, p. 9-10 *apud* ALMEIDA, 2009, p. 106)

As ideias de uma educação voltada para os adultos só foram amplamente disseminadas na década de 1970, com a publicação da obra *The adult learner: a neglected species* [O aprendiz adulto: uma espécie negligenciada], por Malcolm Knowles, que considerava impróprio aplicar à educação de pessoas adultas aquilo que se convencionava chamar de pedagogia (KNOWLES; HOLTON III; SWANSON, 2009).

> ### ❗ PARA SABER MAIS
>
> Para conhecer um pouco mais sobre a teoria andragógica de Knowles, você pode consultar o artigo do site Espresso3 intitulado "Os seis princípios fundamentais da aprendizagem de adultos de Knowles", de Wagner Cassimiro (2019).

Inicialmente, a andragogia buscou sua identidade em contraposição à pedagogia. E até hoje alguns consideram a andragogia uma "educação de iguais", enquanto a pedagogia representaria uma educação autoritária, focada no ensino e centrada no mestre especialista.

No entanto, adotando uma visão mais ampla, encontramos vários pontos comuns entre a perspectiva andragógica, centrada no aprendiz, e correntes pedagógicas mais contextualizadas, a ponto de alguns identificarem a andragogia como a "melhor pedagogia".

Ainda, seria um equívoco desconsiderar que, da mesma maneira que a pedagogia, a andragogia também se desdobra em um *continuum* de abordagens que vai de tarefas mais estruturadas a contextos mais autênticos.

APRENDIZAGEM AUTODIRECIONADA DE KNOWLES

Para Knowles *et al.* (1998), o aprendiz adulto se caracteriza fundamentalmente pelo autodirecionamento decorrente de sua maturidade orgânica e psicológica. Ou seja, para ser adulto, o indivíduo atingiu um estágio de maturação física (prontidão) que lhe confere a capacidade de reprodução, bem como um estágio de maturação psicológica que lhe possibilita assumir responsabilidades pela própria vida, nos âmbitos social, profissional e familiar.

Além disso, o adulto segue acumulando cada vez mais experiências, que compõem um importante banco de recursos para o desenvolvimento de sua aprendizagem. Por essas razões, a educação de adultos demanda uma filosofia, conceitos e métodos específicos que valorizam a autonomia do aprendiz.

A princípio, Knowles considerava a pedagogia apropriada nos primeiros anos de vida, sendo paulatinamente substituída pela andragogia, à medida que a maturação orgânica fosse alcançada e a cultura educacional estimulasse o desenvolvimento das habilidades necessárias à aprendizagem autônoma.

Hoje existe um reconhecimento de que a perspectiva andragógica não se opõe à pedagogia como se a primeira fosse moderna, e a segunda, ultrapassada. Antes, há consenso de que a andragogia se presta a explicar como as pessoas aprendem em uma fase diferenciada da vida, na qual, como adultos maduros física e intelectualmente, elas exercem papéis diferenciados em contextos socioprofissionais distintos.

APRENDIZAGEM CENTRADA NA PESSOA DE ROGERS

Carl Rogers, importante pensador estadunidense, foi um precursor da psicologia humanista e criador da linha teórica conhecida como abordagem centrada na pessoa. Publicou dezesseis livros, dentre os quais se destaca *Tornar-se pessoa* (1997).

Seus estudos sobre a terapia de adultos e a aprendizagem centrada na pessoa na década de 1950 influenciaram fortemente a andragogia e as práticas educativas, com ênfase na autoaprendizagem e na aprendizagem significativa.

Rogers defende uma abordagem humanista que acredita no potencial de todos os seres humanos para o desenvolvimento. O sujeito é o principal elaborador do conhecimento, e o ato de aprender é, por essa razão, extremamente experiencial. Apesar de pessoal, a aprendizagem não ocorre em isolamento, sendo mais bem suportada em um ambiente cooperativo. Ao valorizar o afeto, esse autor contribui para uma visão holística e integradora do processo de ensino-aprendizagem, respondendo a questões ignoradas por outras correntes teóricas.

Para Rogers, as estratégias instrucionais assumem importância secundária, e a não diretividade deve impulsionar as práticas de ensino. No DI, porém, isso significa criar um clima de equidade no qual os alunos são tratados com respeito e dignidade, já que se encara que cada indivíduo tem potencial de alcançar o sucesso.

Podemos elencar como principais pressupostos da abordagem centrada na pessoa, também conhecida como "abordagem humanista":

- Ninguém ensina ninguém, apenas facilita a aprendizagem do outro.
- As pessoas aprendem quando isso mantém ou melhora a estrutura de seu ser (*self*).
- A experiência envolve mudança na organização do ser.
- O ser se torna mais rígido diante da ameaça.
- A situação educacional ideal é a que elimina a ameaça e oferece às pessoas uma percepção diferente da realidade.

PARA SABER MAIS

Você pode conhecer mais sobre esse expoente da aprendizagem centrada na pessoa por meio de um artigo da revista *Nova Escola* intitulado "Carl Rogers: um psicólogo a serviço do estudante", de Márcio Ferrari (2008).

PEDAGOGIA CRÍTICA DE PAULO FREIRE

A tese de Knowles sobre o autodirecionamento do adulto não é aceita por todos. Isso fica evidente na pedagogia libertadora de Paulo Freire (1997), educador brasileiro de maior projeção internacional até hoje.

PARA SABER MAIS

Você pode conhecer mais sobre o perfil e a obra de Paulo Freire no artigo da revista *Nova Escola* intitulado "Paulo Freire: o mentor da Educação para a consciência" (NOVA ESCOLA, 2015).

Embora predominantemente voltada à educação de jovens e adultos, a abordagem freiriana não dispensa o termo original voltado à educação de crianças. Segundo essa abordagem, a aprendizagem acontece pela interação entre o sujeito e o objeto dentro de um contexto determinado e leva à tomada de consciência que permite transformar o mundo.

A educação pode ser vista como um processo de descoberta, exploração e observação, além de eterna construção do conhecimento. Nas palavras de Freire (1997, p. 76), "aprender é uma descoberta do novo, com abertura ao risco, à aventura e a novas experiências, pois ensinando se aprende e aprendendo se ensina".

Na perspectiva freiriana, não existe algo como uma educação neutra, e sim construção e reconstrução contínua de significados. Aprender é superar a consciência ingênua e desenvolver a consciência crítica; envolve a exploração ativa de conceitos abstratos por meio do diálogo entre iguais.

O processo de ensino-aprendizagem passa pela problematização da realidade, em uma relação horizontal na qual o educador se torna o educando, e vice-versa.

Na década de 1960, Freire desenvolveu, na Universidade do Recife (atual UFPE), um método próprio para a alfabetização de adultos trabalhadores, com base em três etapas:

- **Investigação:** busca conjunta entre professor e aluno de palavras e temas mais significativos ao universo vocabular e à comunidade do aluno.

- **Tematização:** momento de tomada de consciência do mundo, por meio de análise dos significados sociais das palavras e dos temas selecionados.

- **Problematização:** ocasião em que o professor desafia e inspira o aluno a superar a visão acrítica do mundo.

Freire criou uma teoria completa do conhecimento ao situar a educação como um dos principais pilares para a construção de uma sociedade mais justa, humana e solidária.

APRENDIZAGEM EXPERIENCIAL DE KOLB

Seguindo os passos de John Dewey, defensor do "aprender fazendo", David Kolb (1984, p. 38), teórico educacional estadunidense, define a aprendizagem como "o processo pelo qual o conhecimento é criado através da transformação da experiência".

Para Kolb, alguns princípios devem nortear a aprendizagem de adultos:

- A aprendizagem é processo, mais que resultado.
- A aprendizagem é um processo holístico de adaptação ao mundo.
- Aprender requer a solução de conflitos entre modos dialeticamente opostos de adaptação.
- Aprender é construir conhecimento a partir da experiência.

A fim de explicar como o ser humano aprende pela experiência, Kolb desenvolveu o chamado ciclo de aprendizagem experiencial, que consiste basicamente em quatro estágios:

- **Experiência concreta (sentir):** vivência da realidade pela apreensão de impressões e sensações; pressupõe o pleno envolvimento em novas experiências.
- **Observação reflexiva (observar):** reflexão sobre o que foi vivenciado; consiste em pensar sobre a experiência concreta a partir de diferentes perspectivas ou esquemas.
- **Conceitualização abstrata (pensar):** compreensão e formação de conceitos abstratos e generalizações; implica criar conceitos que articulem as reflexões e as observações em teorias lógicas.
- **Experimentação ativa (fazer):** aplicações dos conceitos e dos modelos em novas situações; relaciona-se à capacidade de tomar decisões e resolver problemas.

Kolb sugere que a forma de aprendizagem profunda é aquela que integra os quatro elementos distintos, não importa por qual estágio ela se inicie. A integração é alcançada por um ciclo progressivo no qual a experiência é transformada em conhecimento.

Para cada um desses estágios, podemos relacionar estratégias específicas de ensino-aprendizagem que permitam ao aluno atingir o que se espera dele a fim de cumprir o ciclo completo, como mostra o quadro 2.

Quadro 2. Estratégias de ensino-aprendizagem para cada estágio do ciclo de aprendizagem experiencial de Kolb

Estágio	O que se espera do aluno adulto	Estratégias de ensino-aprendizagem
Experiência concreta (sentir)	Envolver-se em novas experiências.	▪ Resolução de problemas em grupo ▪ Estudos de caso ▪ *Role playing* (desempenho de papéis) ▪ Visitas de campo ▪ Jogos ▪ Dinâmicas
Observação reflexiva (observar)	Pensar sobre as experiências concretas por diferentes perspectivas.	▪ Discussões em grupos ▪ Preparação de relatórios
Conceitualização abstrata (pensar)	Criar conceitos que articulem as reflexões e observações em teorias lógicas.	▪ Resumos do que foi visto e realizado ▪ Perguntas e respostas ▪ Mapeamento mental
Experimentação ativa (fazer)	Tomar decisões e resolver problemas.	▪ Elaboração de planos de ação ▪ Prática de novas habilidades desenvolvidas ▪ Fóruns de discussão

EXEMPLIFICANDO

Para ajudá-lo a pensar na aplicação prática do ciclo de aprendizagem experiencial de Kolb, descrevemos aqui rapidamente o planejamento de uma disciplina de pós-graduação em DI intitulada "Criação de cursos on-line", relatada em Filatro (2008b):

1. Primeiro, os alunos navegaram livremente por cursos on-line disponíveis em repositórios educacionais recomendados pelo professor.
2. À experiência direta de navegar nos cursos, seguiu-se o estágio de observação reflexiva. Organizados em duplas, os alunos selecionaram um curso para analisarem aspectos pedagógicos, tecnológicos e comunicacionais com base em um roteiro estruturado.
3. Para a conceitualização abstrata, os alunos recorreram aos textos-base da disciplina e resgataram materiais das disciplinas anteriores do curso, de modo a integrar os conhecimentos construídos. Além disso, os roteiros de análise e os feedbacks de docentes para os roteiros preenchidos ficaram disponíveis para livre consulta e discussão coletiva nos fóruns.
4. O estágio de experimentação ativa se deu pela proposta de criação de um novo curso on-line, atividade iniciada na disciplina e desenvolvida como trabalho final de monografia.

A figura 5 apresenta como o planejamento poderia ser representado graficamente.

Figura 5. Representação gráfica do planejamento da disciplina "Criação de cursos on-line".
Fonte: adaptado de Filatro (2008b).

Cabe destacar que, do modelo de aprendizagem experiencial de Kolb, deriva uma teoria de estilos de aprendizagem, por vezes empregada nos processos do DI para personalizar a aprendizagem de acordo com as preferências dos adultos.

 PARA SABER MAIS

Você pode conhecer um pouco mais sobre os estilos de aprendizagem de Kolb acessando o artigo publicado no site LabFin.Provar (2020) da Fundação Instituto de Administração (FIA) intitulado "Você sabe qual é o seu estilo de aprendizagem?".

IMPLICAÇÕES DA ANDRAGOGIA PARA O DESIGN INSTRUCIONAL

Como vimos, a andragogia – assim como a pedagogia – é um guarda-chuva de abordagens bastante diversificadas.

Uma das principais questões do DI sob a perspectiva andragógica, em especial decorrente da abordagem autodirecionada de Knowles, refere-se ao controle do aprendiz sobre o processo de ensino-aprendizagem.

Se, no modelo pedagógico, o sistema de ensino (escola, pais, professores, órgãos de governo) decide o que e como os alunos devem estudar, na andragogia existe uma flexibilidade maior quanto a esses pontos. Permanece certo direcionamento externo sobre o que estudar – as associações profissionais, as empresas e os órgãos de governo podem influenciar diretamente os programas de estudo –, mas ao aluno adulto é dada maior liberdade sobre como aprender.

De igual modo, se à criança e ao adolescente é reservado um papel de dependência em relação ao professor, no modelo andragógico parte-se do pressuposto de que o aluno adulto é um ser independente, razão pela qual o DI deve ser pensado em uma lógica autodirecionada e ativa.

Há também uma orientação para a aplicação no curto prazo do que foi aprendido, visando à resolução de problemas e tarefas, bem como ao aperfeiçoamento de desempenhos práticos.

Vale lembrar que uma das principais críticas à abordagem andragógica é o fato de ela estar excessivamente centrada nos aspectos psicológicos do aprendiz, sem considerar de maneira devida os contextos socioeconômico, político e histórico que influenciam o processo de ensino-aprendizagem (BARROS, 2018).

A abordagem andragógica pensada "numa espécie de vazio social" contrasta com o chamado "design instrucional crítico" – expressão criada por Sean Michael Morris (2017), professor de tecnologia educacional na Universidade de Denver, para um DI praticado a partir dos princípios da pedagogia crítica de Paulo Freire.

Por meio dessa lente, o DI deve projetar experiências de aprendizagem libertadoras e emancipatórias. Oferece assim uma chance de investigar práticas e suposições, explorar tensões e desenvolver solidariedade entre educadores e alunos à medida que se busca o empoderamento emancipatório que a educação pode desencadear.

A aprendizagem sempre começa com as pessoas, de preferência com uma "mente de iniciante", assumindo que não sabemos nada e nos tornarmos profundamente observadores.

Por outro lado, a educação contemporânea se tornou complexa demais para que se possa admitir a continuidade de uma sala de aula tradicional e de estudos apoiados apenas por caneta e papel, giz e quadro-negro. Assim, o DI crítico reconhece que todo aprendizado hoje é necessariamente híbrido e busca oportunidades para integrar a vida digital dos alunos a suas experiências de aprendizagem digitais.

HEUTAGOGIA

O conceito de heutagogia (do grego *heuta* = próprio e *agogus* = guiar, conduzir, educar) surgiu em 1999 a partir da definição de Hase e Kenyon (1999) para a autoaprendizagem e o conhecimento compartilhado, característicos de um mundo em contínua transformação, que exige flexibilidade e proatividade a fim de atuar em espaços de convivência e trabalho carregados de incertezas.

Muitos relacionam a heutagogia à chamada "geração digital", nascida pós-década de 1980 e criada em uma cultura tecnológica naturalmente propícia a práticas educacionais abertas.

Antes da virada do século, Tapscott (1999) já registrava o perfil de uma nova geração nascida e criada na cultura digital. Referidos como geração Y, millennials, geração net, entre outras denominações, esse público é formado por indivíduos nascidos pós-internet, que vivem em ambientes urbanos, são bem informados e sentem-se confortáveis em um mundo digital.

Figura 6. Um mundo em contínua transformação exige flexibilidade e proatividade.

Para eles, a internet é uma extensão natural da vida. Ela não é apenas uma ferramenta de comunicação sem fronteiras geográficas ou limitações temporais, mas também de socialização e de acesso a informações (FINARDI *et al.*, 2007).

Considerando como pano de fundo as tecnologias e as mídias digitais, Tapscott (1999) relaciona oito mudanças que apontam para um novo paradigma de aprendizado, adequado à geração net:

1. do aprendizado linear para a hipermídia;
2. da instrução para a construção e descoberta;
3. da educação baseada no professor para a educação baseada no aluno;
4. de assimilar o material para aprender a navegar e aprender a aprender;
5. do aprendizado escolar para o aprendizado por toda a vida;
6. da educação massificada ("um-tamanho-serve-para-todos") para o aprendizado individualizado;

7. do aprendizado como tortura para o aprendizado como diversão;
8. do professor como transmissor para o professor como facilitador.

PARA SABER MAIS

Para conhecer melhor a abordagem heutagógica, você pode acessar o artigo do site HSM (2020) intitulado "Heutagogia: a aprendizagem que nos permite navegar nas incertezas do futuro e a construir o novo".

Finardi *et al.* (2007) acreditam que, apoiada por tecnologias inovadoras, a geração digital vivencia um aprendizado que extrapola a sala de aula convencional e se caracteriza por:

- abertura para o diálogo, para questionamentos e para a busca de consensos;
- valorização da pesquisa;
- trocas entre diferentes áreas do saber;
- reconstrução e compartilhamento de saberes;
- pluralidade de modos de pensar e aceitação do conflito;
- compreensão da linguagem como constituinte do ser, não apenas como meio de comunicação;
- educação como alargamento do horizonte cultural, relacional e expressivo;
- ampliação dos saberes para além do gênero das certezas proporcionadas pelos métodos científicos

No entanto, dada sua natureza completamente aberta e livre, a heutagogia não se restringe a uma faixa etária específica. A nova denominação apoia-se na possibilidade de pessoas de todas as idades e condições aprenderem livremente sobre qualquer assunto ou área do conhecimento.

Utilizando-se do potencial oferecido pelas tecnologias digitais, qualquer pessoa hoje pode escolher o que deseja aprender. E isso no horário, no local e no ritmo que lhe forem mais convenientes e conforme suas necessidades e preferências de aprendizagem.

Essa experiência de aprendizagem totalmente autodirecionada chega a remeter à noção de "autodidatismo". Mas a diferença é que, em uma perspectiva heutagógica, as pessoas não apenas "consomem" informação solitariamente, visando ao próprio desenvolvimento, elas também "produzem", compartilham e alimentam uma imensa rede de conhecimentos, de tecnologias e de relacionamentos, a qual servirá como recurso de aprendizagem para outras pessoas.

CONECTIVISMO

O que está em jogo na abordagem heutagógica é mais que uma mudança de estratégia. No cenário de uma sociedade digital como aquela na qual vivemos, George Siemens – educador e pesquisador nas áreas de aprendizagem e ambientes digitais – formulou uma teoria que ele chama de conectivismo.

Na concepção de Siemens (2004), as teorias de aprendizagem estão preocupadas com o processo de aprendizagem em si, e não com o valor do que está sendo aprendido. Em um mundo conectado em rede, a forma pela qual adquirimos informação é a exploração que vale a pena.

Aliás, as redes são o eixo central da teoria conectivista:

> Conectivismo é a integração de princípios explorados pelo caos, Rede e Teorias da Complexidade e Auto-organização. A aprendizagem é um processo que ocorre dentro de ambientes nebulosos onde os elementos centrais estão em mudança – não inteiramente sob o controle das pessoas. (SIEMENS, 2004, p. 5-6)

A lógica da aprendizagem em rede se apoia na ideia de que, na era digital, o conhecimento cresce exponencialmente, e muito do que se conhecia há alguns anos (ou meses) logo estará defasado. Ou seja, nos tempos atuais, o conhecimento praticamente nasce obsoleto. As redes permitem o acesso, a verificação e a atualização desse conhecimento (WITT; ROSTIROLA, 2020).

Assim, a necessidade de avaliar o valor de aprender algo é uma meta-habilidade que precisa ser aplicada antes que a aprendizagem propriamente dita comece. Quando o conhecimento é escasso, supõe-se que o processo de avaliar o mérito seja intrínseco à aprendizagem. Quando o conhecimento é abundante, a avaliação rápida do conhecimento se torna importante (SIEMENS, 2004).

A abordagem conectivista propõe uma pedagogia para a era digital. Ela considera a aprendizagem que ocorre apenas de maneira autodirecionada e autônoma, no ritmo e segundo os interesses individuais, e também que tanto as organizações como as máquinas aprendem.

O conhecimento não é adquirido de maneira linear. A tecnologia realiza muitas das operações cognitivas anteriormente desempenhadas pelos alunos (por exemplo, o armazenamento e a recuperação da informação) e, em muitos casos, o desempenho é necessário na ausência de uma compreensão completa.

As estratégias conectivistas valorizam a aprendizagem em rede, em que são fornecidos recursos variados – ora conteúdos, ora atividades, ora pessoas –, e a exploração desses recursos é mais importante do que a assimilação de algum conteúdo particular. A comunidade desempenha um papel crucial tanto para fornecer exemplos e apoio quanto para gerar dados que retroalimentam o sistema de aprendizagem digital.[7]

---

7 Uma versão do curso [em inglês] está disponível em: https://cck11.mooc.ca/. Acesso em: 25 jul. 2022.

> ## ! EXEMPLIFICANDO
>
> Os *massive open online courses*, ou cursos on-line abertos e massivos (MOOCs), são exemplos de como se dá a aprendizagem conectivista na era digital. A expressão foi usada pela primeira vez em 2008, em um curso projetado por George Siemens, Stephen Downes e Dave Cormier, que contou com 2.200 alunos matriculados em uma versão on-line oferecida gratuitamente.
>
> Alguns anos depois, plataformas como Udacity e Coursera estabeleceram parcerias com importantes universidades para ofertar ensino de qualidade a um grande número de matriculados. Posteriormente, o Instituto de Tecnologia de Massachusetts (MIT) e a Universidade Harvard, nos Estados Unidos, desenvolveram a plataforma edX, que funciona com a mesma lógica de abertura de cursos (BATES, 2016).
>
> Nos MOOCs, um grande número de alunos (na casa dos milhares de participantes, daí o nome "massivo") se inscreve em um único espaço virtual comum para estudar. Não há nenhum pré-requisito, a não ser ter acesso a um computador ou um dispositivo móvel conectado à internet, e a consulta aos materiais é gratuita, embora um número crescente de iniciativas tenha passado a cobrar uma taxa para avaliação e emissão de certificado.

De fato, o conectivismo vai muito além das situações formais de ensino-aprendizagem que comportam bem as abordagens pedagógicas e andragógicas. Por exemplo, a defesa do desenvolvimento de metacompetências anteriores à aprendizagem, o descolamento de sistemas formais de ensino e até mesmo a visão de que a aprendizagem pode ocorrer em máquinas têm sido objeto de intenso debate nas comunidades interessadas em educação.

Essas questões impõem aos educadores e à sociedade como um todo a necessidade de profunda reflexão sobre a inevitabilidade de romper com os paradigmas de ensino-aprendizagem vigentes e adotar novas práticas educacionais, inclusive de DI, que sejam realmente efetivas para os objetivos de aprendizagem do século XXI.

! PARA SABER MAIS

Para conhecer mais sobre a abordagem conectivista, você pode acessar o artigo disponibilizado pelo portal CTAE – Sala dos Professores [s. d.], da Fundação Getulio Vargas (FGV), intitulado "Conectivismo".

IMPLICAÇÕES DA HEUTAGOGIA PARA O DESIGN INSTRUCIONAL

Consideremos que qualquer ação educacional, seja ela formal ou informal, presencial ou a distância, para crianças, jovens ou adultos, não pode ser separada do macrocontexto sociopolítico e econômico em que estamos inseridos – ou seja, uma sociedade digital e globalizada. Ao discutir paradigmas de ensino-aprendizagem, abordagens pedagógicas, andragógicas ou heutagógicas, além de modelos do DI, temos obrigatoriamente que reconhecer o papel das tecnologias na educação não apenas como recurso de acesso à informação e de comunicação entre pessoas e grupos, mas também como verdadeiros ambientes de aprendizagem.

Ainda que o conectivismo de Siemens e a heutagogia de Hase e Kenyon, que emergem como pontas do iceberg das transformações educacionais em curso, abram caminho para uma aprendizagem desterritorializada (extraescolar ou fora dos muros acadêmicos), o que vemos é uma ressignificação do ato de aprender e uma revalorização do ato de ensinar, ainda que mediado tecnologicamente.

Ou, como destaca Reigeluth (1999), diante do conhecimento altamente volátil e das exigências de desempenho crescentes sobre indivíduos e grupos, aumenta – e não diminui – a importância dos mecanismos para facilitar a aprendizagem significativa, entre eles o DI (no sentido de planejamento, desenvolvimento e implementação de ações educacionais) e a interação docente-discente-discentes (no sentido de orientação personalizada, compartilhamento de conhecimentos e feedback mútuo).

Assim, para analisar as implicações dessas novas perspectivas para o DI, utilizamos o conceito de distância transacional, cunhado por Moore e Kearsley (2007), que, como veremos, buscam estabelecer um equilíbrio entre as variáveis diálogo, estrutura e autonomia.

Para os autores, a distância transacional não é função da separação espacial ou temporal entre os atores do processo de ensino-aprendizagem, mas, sim, de três variáveis:

- **Diálogo:** interação entre professores e alunos.
- **Estrutura:** medida em que o percurso a ser seguido no estudo está prefixado.
- **Autonomia:** medida em que os próprios estudantes podem determinar/controlar seus estudos.

Segundo Peters (2001, p. 65), essas três grandezas "mudam de uma situação para outra, em parte inclusive são antagônicas ou até mesmo excludentes". Como elas se relacionam, então? O próprio autor responde:

> Conforme as características das pessoas participantes, os objetivos conteúdos do ensino, o nível de exigências, os métodos necessários, os meios disponíveis e a cultura de estudo tradicional, é preciso encontrar a melhor relação possível dos três grupos de variáveis entre si e determinar, assim, uma distância transacional que se adapte exatamente a essa situação. (PETERS, 2001, p. 65)

Aqui temos um ponto crítico da mudança paradigmática vinculada à adoção de tecnologias da informação e comunicação (TIC) e aos ambientes virtuais de aprendizagem na educação.

Na perspectiva pedagógica tradicional, podemos situar as práticas educacionais convencionais, socialmente reguladas (educação formal de crianças e jovens, ensino profissionalizante, educação superior). Aqui, a variável "diálogo" se caracteriza na maioria das vezes pela acentuada relação de dependência aluno-professor e ocorre em instituições de ensino formais (escolas e universidades), com maior ou menor carga de estrutura/autonomia, dependendo do paradigma e da abordagem pedagógica adotada.

Já na perspectiva andragógica, a maturidade orgânica dos alunos adultos, com seu rol de experiências acumuladas, psicológicas, afetivas, profissionais e culturais (inclusive educacionais), implica maior grau de autonomia nas decisões sobre "como estudar".

A decisão sobre "o que estudar", na maioria dos casos, continua sendo do professor, da instituição de ensino ou do macrossistema educacional. Em geral, há menos diálogo com um educador, embora se mantenha relativa carga de estrutura, visto que, na maioria dos casos, as ações educacionais voltadas ao adulto são patrocinadas por instituições (governo, empresas, associações, sindicatos) com objetivos de aprendizagem bem definidos.

O que dizer da perspectiva heutagógica, então? Embora seja um corpo de conhecimentos e práticas ainda em elaboração, essa perspectiva pressupõe elevada (praticamente absoluta) autonomia por parte de quem aprende, não importa a faixa etária ou a formação acadêmica em questão. E, a despeito de toda essa autonomia incentivar bastante uma aprendizagem individualizada, a heutagogia se baseia fortemente no diálogo, seja ele síncrono ou assíncrono, real, simulado ou virtualmente presente, entre pares ou entre especialistas e novatos.

Toda essa aprendizagem, que de tão diversificada e multiforme parece também tão caótica, ocorre, contudo, a partir de uma estrutura – estrutura esta mais semelhante a uma rede de informações provenientes das mais diversas fontes e organizadas nos mais diversos formatos – em constante mutação que é transformada, inclusive, pela ação daqueles que estão aprendendo.

Arriscamo-nos a afirmar então que, seja no planejamento e no desenvolvimento de conteúdos educacionais e recursos didáticos isolados, seja no design e no acompanhamento de complexos ambientes virtuais de aprendizagem, ou ainda na personalização de percursos conforme perfis individuais e históricos de desempenho, aumentam o grau de complexidade do DI e a necessidade de profissionais que ofereçam soluções de qualidade, teoricamente embasadas e adequadas à era digital.

SÍNTESE

Ao longo deste panorama sobre as teorias da aprendizagem – pedagógicas, andragógicas e heutagógicas –, notamos a tendência crescente em adotar um paradigma educacional centrado no aluno. Ele confere o poder de decisão relativo à própria aprendizagem.

No próximo capítulo, veremos de que maneiras esse paradigma se concretiza em atividades de aprendizagem realizadas pelos alunos – o centro de todo o processo educacional.

CAPÍTULO **5**

Design e desenvolvimento de atividades de aprendizagem

Após o estudo deste capítulo, você será capaz de:

- reconhecer os diferentes tipos de atividades de aprendizagem;
- distinguir didática e matética;
- identificar as contribuições do design instrucional para o design e o desenvolvimento de atividades de aprendizagem.

Neste capítulo, abordaremos os elementos centrais do processo de ensino-aprendizagem que podem ser representados em uma matriz de design instrucional – algo semelhante a um plano de aulas, mas com algumas características distintivas. Também lançaremos foco nas atividades de aprendizagem, a essência do trabalho discente. Por fim, discutiremos a diferenciação, ou melhor, a complementaridade entre didática e matética, para consolidar a perspectiva do design instrucional (DI) centrado no aluno que defendemos desde o início deste livro.

ELEMENTOS CENTRAIS DO PROCESSO DE ENSINO-APRENDIZAGEM

Como vimos no capítulo 2, as pessoas aprendem quando interagem com conteúdos, ferramentas e outras pessoas, ou seja, quando realizam atividades de aprendizagem que lhes permitem interagir com o mundo.

Em situações de aprendizagem formal, as atividades visam atingir objetivos instrucionais em um fluxo e um período determinado, e são auxiliadas por pessoas que desempenham papéis de apoio (professores, monitores, etc.).

Conteúdos representados em diversas mídias e linguagens, assim como recursos didáticos e ferramentas tecnológicas, servem como suporte para a realização dessas atividades, que acontecem em ambientes de aprendizagem físicos ou digitais.

Aí estão os elementos centrais do processo de ensino-aprendizagem, aos quais acrescentamos a avaliação para a verificação do cumprimento dos objetivos.

No DI, o planejamento integrado desses recursos geralmente acontece na fase de design (após a fase de análise, que vimos no capítulo 3). Esse planejamento é bem familiar aos professores, na forma dos conhecidos planos de aula ou instrumentos afins.

No DI, costuma-se dar a esse instrumento o nome de matriz de design instrucional (figura 1).

Unidades de estudo	Objetivos de aprendizagem	Papéis	Atividades	Duração	Conteúdos	Ferramentas	Avaliação
[menor "pedaço" de aprendizagem relacionado a um objetivo específico de aprendizagem]	[o que se espera que o aluno alcance]	[função exercida por quem aprende – por exemplo, aluno individual, duplas, turma; e por quem ensina – por exemplo, professor, coordenador, convidado]	[ação ou tarefa realizada por quem aprende ou ensina]	[tempo estimado para a realização de cada atividade]	[itens de conhecimento, habilidades ou valores a serem aprendidos]	[serviços que permitem a realização das atividades]	[meios de verificar se a aprendizagem ocorreu; pode ser expressa em pontuação ou conceitos]

Legenda: Atividades presenciais | Atividades on-line síncronas | Atividades on-line assíncronas

Figura 1. Matriz de design instrucional.

Fonte: adaptado de Filatro (2018, p. 31).

Algumas observações importantes para o preenchimento da matriz de design instrucional são:

- A coluna "Unidades de estudo" aponta o menor "pedaço" de aprendizagem cujo significado está atrelado a um objetivo de aprendizagem específico.

- A coluna "Objetivos de aprendizagem" diz mais respeito ao que se espera que o aluno alcance ao final da unidade de estudo do que a tarefas/atividades a serem realizadas por quem aprende e quem ensina.

- A coluna "Papéis" funciona melhor quando é organizada lado a lado com a coluna "Atividades", vinculando as atividades às pessoas que as desempenharão.

- Na coluna "Duração", estima-se o tempo para que as atividades sejam realizadas e concluídas.

- A coluna "Conteúdos" traz itens de conhecimento, habilidades ou valores a serem aprendidos e que podem ser apresentados (ou produzidos) em diferentes suportes de mídia.

- A coluna "Ferramentas" informa quais serviços ou funcionalidades serão necessários para que os papéis realizem as atividades previstas.

- Na coluna "Avaliação", pode-se registrar a pontuação ou o conceito aplicado para descrever os resultados exibidos pelos aprendizes em determinadas atividades. Só é preenchida caso a atividade gere algum tipo de registro que, uma vez avaliado, irá compor a nota ou o conceito final.

Para um professor, o maior desafio ao construir uma matriz de design instrucional pode estar nas colunas "Papéis", "Conteúdos" e "Ferramentas", que não costumam aparecer com essa nomenclatura nos planos de aulas convencionais.

Como vimos, os papéis (que podem ser de aprendizagem ou de apoio) representam responsabilidades e ações diferentes, a ser, inclusive, traduzidas em privilégios de acesso e diferentes em um ambiente digital de aprendizagem.

Os conteúdos abrangem não apenas os tópicos relativos a uma unidade de estudo, mas também as mídias nas quais eles são suportados (por exemplo, vídeo, *podcast*, texto impresso, etc.).

As ferramentas envolvem todos os serviços e funcionalidades que permitem a realização das atividades: por exemplo, um fórum (ferramenta) viabiliza uma discussão (atividade); um formulário eletrônico (ferramenta) viabiliza um teste de conhecimentos (atividade), e assim por diante.

Além disso, para o professor acostumado a planejar com base na lógica da hora-aula, pode ser desafiador estimar a carga de trabalho de cada atividade proposta (coluna "Duração" da matriz). Nesse sentido, o quadro 1 oferece alguns parâmetros para a duração das atividades.

Quadro 1. Estimativa da carga cognitiva

Projeto	[título do curso ou da disciplina]			
Tarefa	**Tipo**	**Métrica**	**Qtd.**	**Horas**
Leitura (1 página = 450 a 750 palavras, conforme tamanho e densidade do texto)	**Varrer** Ler para levantar as principais ideias; admite-se pular partes do texto.	20-50 páginas/hora em língua nativa. Em língua estrangeira, acrescentar 60%.		
	Compreender Ler para compreender o significado de cada frase.	10-20 páginas/hora em língua nativa. Em língua estrangeira, acrescentar 60%.		
	Envolver-se Ler visando resolver problemas, fazer inferências, questionar e avaliar.	4-10 páginas/hora em língua nativa. Em língua estrangeira, acrescentar 60%.		

(continua)

Tarefa	Tipo	Métrica	Qtd.	Horas
Escrita (1 página = 250 palavras)	**Reflexão/ narrativa** Textos que requerem pouco planejamento ou envolvimento crítico com o conteúdo.	1 h/página		
	Argumentação Textos que exigem engajamento crítico com o conteúdo e planejamento detalhado, mas nenhuma pesquisa externa.	2 h/página		
	Pesquisa Textos que requerem planejamento detalhado, pesquisa externa e engajamento crítico.	4 h/página		
Preparação para exames	Recapitulação de conteúdo e anotações.	4-5 h		
Pós-classe	Estudo independente/ tempo para pensar após exposição docente.	1-2 h/hora de ensino		
	Exercícios de matemática/ trabalho de laboratório.	3-4 h/hora de ensino		

(continua)

Tarefa	Tipo	Métrica	Qtd.	Horas
Trabalho em equipe	Preparação de apresentações.	5 h de preparação/1 h de apresentação		
Outras atividades	Todas as outras atividades, com visitas técnicas ou excursões.			
Total				

Fonte: adaptado de Huhtanen (2019). .

Outro ponto importante é que, na matriz de design instrucional, cada unidade (ou linha da matriz) pode ser tratada de maneira independente e reutilizada, na íntegra ou adaptada, em outras ações de aprendizagem.

Um exemplo é projetar e desenvolver uma unidade de abertura criativa e engajadora e reutilizá-la em outras situações didáticas – se necessário, trocando apenas os conteúdos ou as ferramentas.

Digamos que uma unidade de abertura funciona muito bem quando o professor inclui no planejamento um diagnóstico de conhecimentos anteriores a ser respondido pelos alunos (atividade de aprendizagem) por meio de um formulário eletrônico SurveyMonkey (ferramenta). As respostas consolidadas são apresentadas ao grupo de alunos pelo professor (atividade de apoio).

O professor "bolou" essa sequência de atividades dentro da unidade e quer reaproveitá-la em outro curso, mas o acesso a essa ferramenta está bloqueado por alguma razão que impede sua utilização. O que o professor faz? Ele pode copiar a unidade de estudo inteira da matriz de um curso para o outro e fazer os ajustes apenas na coluna "Ferramentas", substituindo a ferramenta SurveyMonkey por outra de acesso desbloqueado.

ATIVIDADES DE APRENDIZAGEM NO CENTRO DO PROCESSO

Especificamente para apoiar o design das atividades de aprendizagem (a coluna "Atividades" da matriz), pode-se consultar a roda de planejamento de atividades (figura 2), que representa visualmente o alinhamento entre categorias do nível cognitivo segundo a taxonomia revisada de Bloom.

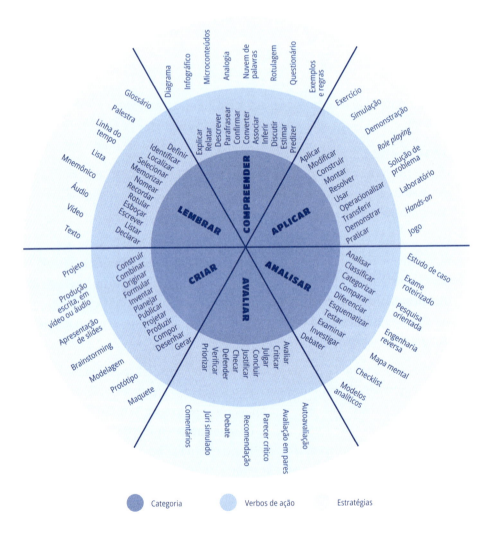

Figura 2. Roda de planejamento de atividades.

Fonte: adaptado de Artley ([s. d.]); Carrington (2016); Tan (2016).

Revela-se cada vez mais um consenso a necessidade de adotar metodologias ativas para tornar concreto o ideal do protagonismo discente. As metodologias ativas têm a ver com a participação ativa dos alunos, então faz todo o sentido focar no design e no desenvolvimento das atividades de aprendizagem, cabendo ao professor as atividades de apoio, como delineamos até aqui.

Simão Neto e Hesketh (2009, p. 88) reproduzem a seguinte definição para atividades de aprendizagem: "tarefas e exercícios que ajudam os estudantes a construir significados a partir do conteúdo de um curso. Elas são o veículo por meio do qual a aprendizagem ocorre". Só que mesmo as atividades de aprendizagem podem ser de naturezas distintas, como vimos no capítulo 4. Elas podem estar mais relacionadas à atenção (como ler, assistir, ouvir) ou, alternativamente, à ação (como criar, projetar, avaliar).

ATIVIDADES DE APRENDIZAGEM PELA ATENÇÃO

As metodologias ativas fazem uma defesa clara da necessidade de propor mais atividades de ação, nas quais os alunos possam realmente se expressar, (re)construir os conhecimentos, negociar significados com outras pessoas, resolver problemas interdisciplinares e colocar em prática as competências adquiridas.

Convém lembrar, porém, que as atividades de aprendizagem por atenção também exigem participação ativa e o engajamento do aluno. Todos nós sabemos, por experiência pessoal, a diferença entre passar os olhos por um texto e ler com propósito. Isso também vale quando estamos participando de uma palestra, quando assistimos a um vídeo ou quando ouvimos um *podcast*: podemos ou não nos empenhar cognitivamente, tendo em vista um objetivo de aprendizagem específico.

Desse modo, é equivocado considerar "passivas" atividades desse tipo. Um bom DI pode, nesses casos, evidenciar a intencionalidade por trás da atividade proposta e sugerir estratégias de estudo para apoiar o engajamento dos alunos.

Figura 3. As metodologias ativas defendem uma maior expressividade dos alunos.

Em uma unidade de estudo que inclui como atividade a leitura de um texto ou um capítulo de livro, não basta indicar o título, o autor, a data, o local de publicação e a página ou o trecho a ser lido. Sempre que possível, a orientação da atividade deve incluir as ações concretas que ajudarão o aluno a tirar o maior proveito da leitura, ou seja, aumentar seu nível de atenção com respeito ao tópico de conteúdo a ser estudado.

EXEMPLIFICANDO

Uma maneira de tornar ativa uma atividade de leitura "passiva" é incluir em sua proposta orientações sobre como ler com propósito. Essa atividade individual pode ser seguida de atividades mais criativas e colaborativas. Veja a seguir um exemplo (DEAQUINO, 2007, p. 94-95):

Seu desafio é [incluir o objetivo de aprendizagem da unidade em questão]. Utilize a técnica de *skimming* para fazer uma leitura rápida do texto XYZ e captar as ideias principais dele. Para isso, siga estes passos:

1. Leia os títulos e os subtítulos para descobrir do que o texto trata.
2. Observe toda e qualquer imagem (foto, desenho, ilustração) existente no texto para adquirir mais informação sobre o tema tratado.
3. Leia a primeira e a última sentença de cada parágrafo.
4. Mantenha o foco nas palavras-chave, em vez de ler todas as palavras de cada frase.
5. Pense continuamente sobre o significado do texto durante a leitura.
6. Agora elabore um parágrafo sobre o que o texto diz (atividade de criação) e publique no mural colaborativo (atividade de colaboração).

ATIVIDADES DE APRENDIZAGEM PELA AÇÃO

Enquanto as atividades de aprendizagem pela atenção giram em torno de ações como "assistir", "ler" e "apreender", nas atividades de aprendizagem pela ação os alunos realizam ações como "debater", "investigar", "explorar" e "experimentar".

Nesse último caso, os conteúdos educacionais, os recursos didáticos e as ferramentas tecnológicas têm uma dimensão mais prática e exigem que os alunos façam coisas, especialmente quando se reúnem em grupos ou turmas.

Alguns exemplos de atividades de aprendizagem pela ação se fundamentam em abordagens como a aprendizagem baseada em problemas, a aprendizagem baseada em projetos e a sala de aula invertida, as quais veremos a seguir com mais detalhes.

APRENDIZAGEM BASEADA EM PROBLEMAS

A aprendizagem baseada em problemas (também conhecida pela sigla PBL, do inglês *problem-based learning*) é um método desenvolvido na Universidade de McMaster, no Canadá, no final da década de 1960, para atender às necessidades de reformulação da educação médica. De lá para cá, vem sendo utilizada em vários contextos educacionais, particularmente na educação profissional e tecnológica.

A PBL estimula a aquisição de conhecimentos e habilidades dos alunos a partir de um problema, que funciona como fio condutor de todo o processo educacional.

Mas o que é um "problema"? É uma situação nova proposta aos alunos como ponto de partida do processo de aprendizagem e é trabalhada exaustivamente sob seus diversos ângulos, desde o técnico-científico até o político, o econômico e o cultural. Difere de um exercício, pois não envolve a repetição de um padrão, esquema ou hábito já aprendido. Pelo contrário, parte de situações inesperadas que precisam ser entendidas e solucionadas.

A fim de entender e solucionar essas situações, os alunos são divididos em grupos e discutem o problema, levantam hipóteses e refletem sobre as questões a serem aprendidas.

O grupo se separa a fim de buscar subsídios teóricos e práticos para além da sala de aula convencional: em bibliotecas físicas, na web, na comunidade, na consulta a especialistas e onde mais houver informações que permitam desenvolver uma visão interdisciplinar da realidade.

O grupo se reúne para reexaminar o problema à luz da pesquisa realizada e finalmente conclui seu diagnóstico, justificando sua abordagem. O professor, por sua vez, apoia os alunos por meio de questionamentos que estimulam a formulação de hipóteses e o planejamento de ações.

Um dos pressupostos da PBL é considerar a aprendizagem fruto da construção pessoal e também da interação com outras pessoas, seja no resgate de experiências, interesses e conhecimentos anteriores, seja pela socialização dos novos conhecimentos construídos.

PARA SABER MAIS

Para conhecer mais sobre a abordagem baseada em problemas, você pode assistir ao vídeo intitulado "EVS[1] – aprendizagem baseada em problemas", disponibilizado pela Univesp TV (2015).

Podemos organizar as atividades de aprendizagem (e as de apoio) da PBL da seguinte maneira:

1. O professor (individualmente ou com outros professores, coordenadores e, em alguns casos, os próprios alunos) seleciona um problema a ser solucionado.
2. Professor e alunos firmam um contrato didático, definindo quando, onde e como o problema será explorado.
3. O professor apoia os alunos na contextualização e na problematização, destacando aspectos históricos, sociais, culturais, econômicos e filosóficos relativos ao problema em questão e também levanta questões relevantes a fim de provocar os alunos na busca de possíveis soluções.
4. Cada aluno pesquisa diversas fontes teóricas (como livros, artigos, sites, reportagens) e práticas (por meio de relatos de experiências, visitas em campo, etc.) e organiza um texto, vídeo ou áudio crítico-reflexivo com base nos dados e informações coletados.
5. Os alunos socializam o que encontraram, comparando as pesquisas e as produções individuais.
6. Em pequenos grupos, os alunos produzem coletivamente um texto, vídeo ou áudio, equilibrando as perspectivas individuais e coletiva.
7. Professor e alunos avaliam a participação de cada um ao longo do processo, bem como a solução final entregue.

---

[1] O vídeo é parte do curso "Ética, valores e saúde na escola" – daí a sigla EVS.

APRENDIZAGEM BASEADA EM PROJETOS

A aprendizagem baseada em projetos é muito próxima à PBL, uma vez que um projeto nasce de um problema, uma necessidade ou um desafio. Mas as duas abordagens diferem no produto resultante da atividade dos alunos.

O objetivo de um projeto vai além de descrever a solução para um problema. No projeto, essa solução é demonstrada de maneira objetiva e concreta, por meio de produto visível construído pelos alunos na forma de vídeos, cartazes, imagens, diagramas, textos, relatórios, maquetes, etc.

A aprendizagem baseada em projetos favorece a construção de conhecimentos sob uma perspectiva pluri e interdisciplinar (integração de diferentes ciências e informações em um tema comum).

Essa teoria tem como objetivo o desenvolvimento de conteúdos conceituais, procedimentais e atitudinais que se relacionam com múltiplas alternativas de informação na busca de significado. Ela procura, nesse sentido, estabelecer o processo de ensino-aprendizagem a partir do contexto cotidiano e cultural dos alunos. Respeita a singularidade do processo humano de construção de conhecimentos, a heterogeneidade dos tempos de aprendizagens, além de aperfeiçoar e reestruturar novas leituras e interpretações dos conhecimentos existentes.

PARA SABER MAIS

Você pode conhecer um pouco mais sobre a abordagem baseada em projetos consultando o infográfico "Aprendizagem baseada em projetos", incluído no Especial Mão na Massa, do Instituto Porvir [s. d.].

Podemos organizar as atividades de aprendizagem (e as de apoio) da aprendizagem baseada em projetos da seguinte maneira:

1. O professor (individualmente ou com outros professores, coordenadores e, em alguns casos, os próprios alunos) identifica o tema do projeto a ser desenvolvido – pode ser um tema de

interesse dos alunos ou da comunidade, questões da atualidade ou desafios da vida cotidiana.

2. Os alunos são divididos em grupos e definem os papéis, a dinâmica, os locais e os prazos em que as atividades do projeto serão realizadas.

3. Os grupos levantam hipóteses ou questões que deverão ser respondidas ao longo do projeto.

4. Os grupos selecionam materiais e fontes de informação que serão utilizados para desenvolver o projeto.

5. Os grupos investigam o contexto real ligado ao tema do projeto escolhido, coletando dados por meio de pesquisa direta em campo, consulta a documentos e aplicação de questionários e entrevistas.

6. Os alunos fazem uma análise e uma discussão a respeito do que foi coletado, visando à sistematização do produto.

7. O professor conduz a socialização do conhecimento alcançado pelos grupos e, a seguir, a avaliação do produto gerado pelos alunos, assim como a avaliação do processo como um todo, incluindo as circunstâncias de realização do projeto e as questões a serem abordadas em novos projetos.

A aprendizagem baseada em projetos é especialmente interessante em aprendizagens voltadas para a prática, em que os alunos desejam encontrar aplicações concretas para o que é aprendido.

SALA DE AULA INVERTIDA

A sala de aula invertida (tradução do inglês *flipped learning*) é uma abordagem que inverte a lógica de organização dos espaços de aprendizagem. O aluno estuda antecipadamente, em casa, os conteúdos a serem aprendidos, recorrendo, para isso, a mídias e tecnologias, em especial videoaulas, *podcasts* e jogos de computador.

O tempo em sala de aula é otimizado porque o aluno chega mais preparado, com questionamentos e inquietações que funcionam como ponto de partida para a realização de exercícios, dinâmicas em grupo, esclarecimento de dúvidas, aprofundamento de temas e realização de projetos.

Mais recentemente, com as restrições do isolamento social imposto pela pandemia de covid-19, essa lógica tem se aplicado também ao estudo síncrono via plataformas de webconferência, quando alunos e professores se reúnem ao mesmo tempo e no mesmo espaço virtual não para as tradicionais aulas expositivas, mas, sim, para debates e trocas mediadas por tecnologias.

As origens da sala de aula invertida remontam ao trabalho dos professores estadunidenses Jonathan Bergmann e Aaron Sams, que desenvolveram na década de 2000 uma modalidade educacional híbrida (*blended learning*) com o simples objetivo de desfrutar melhor dos recursos presenciais e virtuais para facilitar a aprendizagem dos estudantes (BERGMANN; SAMS, 2012).

O conceito se espalhou com a publicação do livro *Um mundo, uma escola: a educação reinventada*, escrito por Salman Khan, engenheiro e matemático criador da Khan Academy, plataforma on-line de educação livre e organização sem fins lucrativos. No livro, Khan (2013) explica como começou a gravar vídeos ensinando matemática a pedido de um primo mais novo e como essa nova forma de aprender utilizando mídias e tecnologias pode transformar completamente a prática em sala de aula.

PARA SABER MAIS

Para conhecer mais sobre a sala de aula invertida, você pode assistir à videoaula intitulada "Pedagogias emergentes – aula invertida", apresentada pelo educador Wilson Azevedo para a Universidade Corporativa Sebrae (2015).

Na sala de aula invertida, o aluno decide onde, como e quando estudar, podendo revisar tópicos e aprofundar-se em temas de seu interesse ou sua necessidade. A aula presencial ou aula on-line síncrona se torna um espaço mais dinâmico, com ações dialógicas e interativas que invertem o modelo tradicional, no qual o professor transmite uma série de informações, enquanto compete ao aluno, posteriormente à aula, a tarefa de articular a teoria com a realidade prática.

As atividades de aprendizagem (e as de apoio) da sala de aula invertida podem ser organizadas da seguinte maneira:

1. Na etapa de preparação, o professor define os objetivos de aprendizagem que vão orientar tanto a seleção dos conteúdos quanto as atividades a serem realizadas em casa e na sala de aula.

2. O professor disponibiliza textos, vídeos, jogos, slides e *podcasts* para os alunos estudarem no próprio ritmo, quando e quantas vezes quiserem ou necessitarem.

3. Na etapa de interação síncrona (em tempo real), os alunos se dedicam à aplicação dos conteúdos estudados antes da aula, geralmente por meio de desafios realizados em grupo, enquanto recebem orientação e feedback do professor para fazer a conexão entre o que estudaram em casa e as atividades propostas em sala de aula.

4. Por fim, é feita a avaliação da aprendizagem pelo professor e pelos próprios alunos, a fim de verificar se os conteúdos foram compreendidos e aplicados adequadamente.

A sala de aula invertida pode ser combinada à PBL e à aprendizagem baseada em projetos, com antecipação de atividades de campo a serem realizadas pelos alunos antes ou fora da sala de aula convencional.

DIDÁTICA E MATÉTICA

As atividades de aprendizagem – seja pela atenção ou pela ação – colocam o aluno no centro do processo educacional.

O paradigma centrado no aluno pressupõe não apenas professores competentes para ensinar, mas também alunos competentes para aprender. Entra em cena aqui o conceito de *matética* – pouquíssimo explorado na literatura e desconhecido por praticamente todos os educadores.

Figura 4. As atividades de aprendizagem colocam o aluno no centro do processo educacional.

Em linhas gerais, o termo *matética* tem sido utilizado para descrever a arte (ou a ciência) da aprendizagem, da mesma maneira que o termo *didática* é empregado para descrever a arte (ou a ciência) do ensino.

Para entender melhor esse conceito, voltemos a suas origens. O termo matética foi cunhado por John Amos Comenius (1592-1670), considerado o "pai da didática", em sua obra *Spicilegium didacticum*, publicada em 1680. Originado do grego *mathetés*, significa aprendiz, pupilo, discípulo, aluno, aprendente (aquele que aprende).

Antes dessa publicação, Comenius já fazia em sua obra mais conhecida, *Didactica magna* (1649), uma distinção clara entre o ensino e a aprendizagem. Na apresentação do livro, ele já declarava como objetivo da didática:

> Buscar e encontrar um método de instrução pelo qual os professores possam *ensinar menos*, mas os alunos possam *aprender mais*; pelo qual as escolas possam ser o local com menos ruídos, aversão e trabalho inútil, e com mais lazer, prazer e sólido progresso. (COMENIUS, 1907, p. 4 *apud* CHAVES; ARAÚJO, 2019, p. 8, grifos nossos)

! CURIOSIDADE

A palavra *didática* deriva do grego *didaktiké* e é considerada a "arte de ensinar". Envolve conhecimentos teóricos e experiência prática, e em geral se aplica mais à transmissão de saberes de maneira sistemática, técnica e organizada, e não necessariamente a toda e qualquer atividade educacional.

Assim, já em 1649, Comenius anunciava na edição original do clássico *Didactica magna*:

> Nós ousamos prometer uma didática magna, ou seja, uma arte universal de ensinar tudo a todos: de ensinar de modo certo, para obter resultados; de ensinar de modo fácil, portanto sem que docentes e discentes se molestem ou enfadem, mas, ao contrário, tenham grande alegria; de ensinar de modo sólido, não superficialmente, de qualquer maneira, mas para conduzir à verdadeira cultura, aos bons costumes, a uma piedade mais profunda. (COMENIUS, 2006 *apud* PIAGET, 2010, p. 46)

Até hoje, acredita-se que, para ser um bom professor, é necessário conhecer profundamente a didática e fazer bom uso dela.

Mas a prevalência da didática sobre a matética ao longo dos anos foi tamanha que apenas em 1962 se iniciou a publicação do primeiro e único periódico de que se tem notícia a respeito do segundo tópico. Nele, o psicólogo e estudioso da tecnologia educacional Thomas F. Gilbert (1927-1995) assinou o artigo "Mathetics: the technology of education" [Matética: a tecnologia da educação], no qual matética foi definida como "a aplicação sistemática da teoria do reforço à análise e à reconstrução daqueles complexos repertórios de comportamento geralmente conhecidos como 'domínio do assunto', 'conhecimento' e 'habilidade'" (GILBERT, 1962, p. 8).

> **!** **PARA SABER MAIS**
>
> No *podcast* Papo de educador, "Episódio #55 – Matética: a arte de aprender", você encontra um bate-papo esclarecedor com a professora Paloma Chaves sobre a atualidade desse tema (PAPO DE EDUCADOR, 2018).

Em 1969, Gilbert publicou o livro intitulado *Mathetics: an explicit theory for the design of teaching programme* [Matética: uma teoria explícita para o design de programas de ensino],[2] no qual apresentou a matética como uma teoria de design. Calcado nos princípios behavioristas, o modelo incluía um procedimento para a entrega da instrução em três fases:

1. Demonstrar para os alunos conceitos, habilidades e princípios.
2. Orientar os alunos à medida que eles colocam em prática o que foi demonstrado.
3. Testar os alunos para ver se eles dominaram o que foi praticado.

Desse modo, na perspectiva behaviorista de Gilbert, a matética compunha um sistema de treinamento completo, incluindo diretrizes para a análise de habilidades e conhecimentos a serem aprendidos e estratégias específicas a fim de superar as deficiências dos alunos em relação a esses conteúdos. O produto podia assumir a forma de instrução programada apoiada pelas mídias e tecnologias da época: filmes, slides, dramatização, etc.

Em contraponto a essa perspectiva, que acabou florescendo muito mais nos treinamentos corporativos do que na educação em geral, a matética foi redescoberta no final do século XX por Seymour Papert, matemático, educador e professor do Instituto de Tecnologia de Massachusetts (MIT).

Conhecido pela criação do projeto e da linguagem de programação Logo, Papert revisitou o conceito em seu livro *Mindstorms: children, computers, and powerful ideas* [Tempestades mentais: crianças, computadores e ideias poderosas], definindo matética como "o conjunto de princípios orientadores

---

2 O modelo é citado na revisão da história do design instrucional organizada em Romiszowski e Romiszowski (2005).

que governam o aprendizado" (1980, p. 52). Posteriormente, Papert sistematizou e aprofundou esses princípios na obra *Children's machine: rethinking school in the age of the computer* [A máquina das crianças: repensando a escola na era da informática] (1992), como veremos a seguir.

Nesse livro, Papert deixa muito clara sua visão a respeito do alcance da didática e da matética, principalmente na educação das crianças:

> A educação tradicional codifica o que pensa que os cidadãos precisam conhecer e se propõe a alimentar as crianças com esse "peixe". O construcionismo baseia-se no pressuposto de que as crianças farão melhor encontrando ("pescando") para si próprias os conhecimentos específicos de que precisam; a educação organizada ou informal pode ajudar mais, garantindo que elas sejam apoiadas moral, psicológica, material e intelectualmente em seus esforços.
>
> O tipo de conhecimento de que as crianças mais precisam é o conhecimento que as ajudará a obter mais conhecimento. É por isso que precisamos desenvolver a matética. É claro que, além do conhecimento sobre pesca, vale a pena ter boas linhas de pesca, é por isso que precisamos de computadores, e também é necessário conhecer a localização de águas ricas, e por esse motivo precisamos desenvolver uma grande variedade de atividades ricas em matética ou "micromundos". (PAPERT, 1992, p. 139, tradução nossa)

IMPORTANTE

O construcionismo de Papert leva esse nome porque encara a aprendizagem como reconstrução do conhecimento por parte de quem aprende, em vez de transmissão do conhecimento por parte de quem ensina. Além disso, considera que essa (re)construção que ocorre "na cabeça" será especialmente prazerosa se apoiada por um tipo de construção mais concreto, que possa ser mostrado, discutido, examinado, admirado – como um castelo de areia, uma casa de peças de montar, um programa de computador, um poema.

Segundo Carlos Nogueira Fino (2017), professor emérito do Departamento de Educação da Universidade da Madeira, em Portugal, a matética pertence a uma lógica diferente. Não é um processo coletivo, mas individual, embora a interação social o favoreça. E não existe um único processo que funciona para todos, mas, sim, um processo contínuo de cada pessoa, que começa antes da escola, desde o início do desenvolvimento cognitivo.

Para o autor, mesmo do ponto de vista gramatical, os verbos "aprender" e "ensinar" são de natureza distinta. Aprender é um verbo intransitivo, enquanto ensinar é transitivo. "Quem ensina ensina alguém. Quem aprende só aprende."

De acordo com a lógica matética, a atividade que realmente conta é a de quem aprende, muito mais do que a de quem ensina. Em outras palavras, mesmo o professor mais dedicado e inovador, se fosse concorrer ao Oscar da educação, seria candidato a melhor ator coadjuvante, enquanto o aprendiz seria o candidato natural para melhor ator principal (FINO, 2008).

PRINCÍPIOS DA MATÉTICA

Nesta seção, apresentaremos um resumo dos princípios sistematizados por Papert e organizados por Chaves e Araújo (2019), que adaptamos a seguir.

1. **Construção e concretude:** aprender se relaciona principalmente a fazer, a construir coisas, em vez de ser informado sobre coisas ou conhecê-las. Além disso, os itens construídos devem ser preferencialmente físicos e materiais (e não objetos mentais, como esquemas, modelos, teorias, conceitos, etc., por mais importantes que possam ser). Assim, nesse princípio, se combinam duas ênfases de Papert: a construção (em oposição à recepção e à absorção) e a concretude (em oposição à abstração).

2. **Heurística:** aprender se relaciona a resolver problemas do mundo real, por meio de projetos de aprendizagem de interesse dos alunos, em vez de lidar com respostas prontas. Aqui se incluem as metodologias ativas (que vimos neste capítulo), como a

aprendizagem baseada em problemas, a aprendizagem baseada em projetos, entre outras.

3. **Conexionismo:** aprender se relaciona a fazer conexões entre a nova aprendizagem e aquilo que os alunos já sabem. Problemas transdisciplinares aumentam a possibilidade dessas conexões, uma vez que extrapolam os limites artificiais entre as disciplinas, que acabaram por "desvincular" as conexões existentes na realidade.

4. **Utilidade e prazer:** aprender se relaciona a aprender a construir e a usar ferramentas e brinquedos. A aprendizagem deve ser útil para fazermos aquilo que queremos ou precisamos fazer, ou deve ser divertida por si só. Papert se tornou defensor da "diversão séria" – a possibilidade de fazer coisas sérias e úteis (aprender a construir usando ferramentas) e se divertir ao mesmo tempo (usando brinquedos).

Sabemos que os princípios da matética não estão tão presentes no cotidiano escolar ou universitário. Na verdade, a matética defende a existência de ambientes de aprendizagem personalizados em que cada aluno tenha liberdade para aprender o que tem significado, o que desperta ou corresponde a seus interesses e lhe dá prazer.

Na terceira década do novo milênio, a sociedade está enfrentando mudanças fundamentais com desdobramentos na vida profissional e educacional e, de acordo com Van Lakerveld, Scholze e Tilkin (2019), a matética – como um modo de facilitar a autoaprendizagem – pode se tornar uma abordagem-chave para o ensino e a aprendizagem nos anos 2030.

No documento voltado à educação de adultos, os autores afirmam que, se o objetivo é promover a aprendizagem personalizada e centrada no aluno, a educação precisa ser menos formal e mais flexível, aberta e participativa.

Além disso, em um mundo cercado de tecnologias, é preciso capacitar e "empoderar" os alunos a usarem as ferramentas digitais de maneira apropriada e significativa – ajudá-los a ocupar o banco do motorista, e não o de passageiros de programas definidos por outros.

Como podemos perceber, a matética se aproxima muito das abordagens pedagógicas e andragógicas centradas no aluno, e também da heutagogia que vimos no capítulo 4.

 SÍNTESE

Neste capítulo, trabalhamos com os elementos centrais do processo de ensino-aprendizagem organizados e vimos como eles podem ser sistematizados em uma matriz de design instrumental. Enfatizamos a importância das atividades de aprendizagem nesse processo e retomamos o conceito de matética para salientar o paradigma centrado no aluno que temos defendido ao longo deste livro.

Tudo isso nos prepara para o tema do próximo capítulo, que se concentra no design e no desenvolvimento de conteúdos educacionais – com certeza, uma tarefa que requer muita didática, sem jamais perder de vista o aluno, o ator principal no desafio de aprender.

CAPÍTULO **6**

Design e desenvolvimento de conteúdos educacionais

Após o estudo deste capítulo, você será capaz de:

- conceituar conteúdos educacionais;
- distinguir as atividades de autoria e curadoria;
- conhecer boas práticas de direitos autorais;
- compreender o uso de imagens e vídeos para fins educacionais.

Neste capítulo, focaremos nossa atenção no design e no desenvolvimento de conteúdos educacionais. Para isso, apresentaremos os conceitos de autoria e curadoria, para, respectivamente, entender como elaboramos conteúdos totalmente inéditos e como podemos aproveitar materiais produzidos por terceiros. Nesse âmbito, exploraremos a questão dos direitos autorais e terminaremos nos debruçando sobre aspectos da linguagem visual estática (imagens) e dinâmica (vídeos).

O QUE SÃO CONTEÚDOS EDUCACIONAIS?

Antes de pensarmos no design e no desenvolvimento de conteúdos educacionais, vamos esclarecer o que queremos dizer com essa expressão.

A definição da palavra "conteúdo", segundo o dicionário Houaiss (2009, p. 535), é "tópico, ou conjunto de tópicos, abrangido em determinado livro, carta, documento, anúncio etc.". Sim, tópicos e subtópicos fazem parte de nossa discussão, mas nosso foco aqui está em conteúdos específicos para a educação, ou seja, aqueles que têm um propósito bem claro, uma finalidade definida, uma intencionalidade educacional.

Por isso, os conteúdos educacionais abrangem uma gama de recursos, como:

- livros completos (físicos ou digitais);
- roteiros de estudo;
- vídeos de diferentes formatos (por exemplo, videoaulas, entrevistas, debates, documentários, narrativas);
- materiais em áudio (como *podcasts*);
- orientações para a realização de atividades de aprendizagem e de avaliação (por exemplo, exercícios objetivos, atividades dissertativas, estudos de caso, desenvolvimento de projetos e solução de problemas).

Assim, observamos aqui dois aspectos distintos que permeiam toda a discussão sobre o design e o desenvolvimento de conteúdos: o fato de os conteúdos serem expressos em tópicos (os itens de conhecimento) e materializados em suportes (os formatos nos quais os tópicos estão contidos). O desafio de desenhar e desenvolver conteúdos educacionais envolve tanto mapear, selecionar, organizar, sequenciar, relacionar itens de conhecimento quanto definir em qual suporte eles serão apresentados.

Além disso, precisamos estar atentos ao fato de que a expressão "conteúdos educacionais" se aplica a uma ampla variedade de contextos, inclusive aqueles em que um aluno pode estudar de maneira independente ou mesmo exercer o papel de educador em grupos de estudo e comunidades de prática que se organizam em torno de tópicos de interesse comum.

Figura 1. Os conteúdos educacionais se aplicam a uma ampla variedade de contextos.

É importante esclarecer que os conteúdos não são apenas um apoio à atuação de um professor em sala de aula convencional, mas seu uso pode acontecer em contextos totalmente diferentes – por exemplo, naqueles em que os alunos estudam sozinhos, sem a presença física de um professor que possa esclarecer imediatamente suas dúvidas.

Esse é o caso da educação a distância (EAD), em que há uma separação física e temporal entre quem aprende e quem ensina. É também o caso do ensino híbrido, em que os alunos estudam parte a distância e parte presencialmente, como ocorre, por exemplo, na sala de aula invertida. Nessas situações, o aluno interage diretamente com os conteúdos, que precisam ser completos, confiáveis e, em particular, autossuficientes.

Exatamente por essa razão, a elaboração de conteúdos educacionais requer alguns cuidados complementares àqueles que o professor está acostumado a adotar quando desenvolve materiais para apoiar suas aulas presenciais.

A fim de ensinar na sala de aula presencial, o professor prepara praticamente sozinho materiais de apoio para suas aulas e conta com as reações dos alunos, que expressarão suas dúvidas e, com isso, permitirão ao professor fazer observações complementares. No entanto, em contextos como os da EAD e os do ensino híbrido, o professor precisa antecipar como seria a situação de ensino-aprendizagem.

A contrapartida é que ele pode fazer isso recorrendo a uma variedade de linguagens e formatos, tornando a comunicação bastante rica. Muitas vezes, ele conta com o apoio de uma equipe capaz de produzir conteúdos nessas diferentes linguagens e formatos, aperfeiçoando sua proposta original. Isso é de fato uma grande ajuda, que permite um salto de qualidade na produção de conteúdos. No entanto, é uma estratégia que requer a capacidade de trabalhar em equipe, de aceitar a contribuição de outros profissionais, de entender o fluxo de trabalho que envolve tantos colaboradores, de respeitar prazos e normas compartilhadas.

Em grande parte dos casos, por outro lado, o professor trabalha sozinho e precisa dar conta do design e do desenvolvimento de conteúdos com os próprios recursos e ferramentas. As próximas seções visam oferecer uma ajuda nesse desafio.

AUTORIA DE CONTEÚDOS INÉDITOS

No design de conteúdos educacionais, uma das tarefas mais desafiadoras é criar materiais totalmente inéditos.

Quando o trabalho é realizado por uma equipe, como acontece em muitos projetos de EAD, essa responsabilidade é assumida por um professor ou especialista em determinada área do conhecimento ou prática. Nesse caso, o profissional recebe o nome de especialista em conteúdo ou conteudista.

O nome parece estranho, mas já é reconhecido, por exemplo, pelo Houaiss, como o "indivíduo responsável pelo conteúdo técnico de um trabalho desenvolvido por equipe multidisciplinar" (HOUAISS, 2009, p. 535).

O papel do conteudista é fornecer os subsídios técnicos ou científicos (os itens de conhecimento sobre os quais já falamos) para a elaboração de algum tipo de recurso didático.

Figura 2. O conteudista é um especialista responsável por desenvolver um conteúdo educacional inédito.

Mesmo que o professor tenha ampla experiência em sala de aula, elaborar conteúdos educacionais não é a mesma coisa que dar uma aula, proferir uma palestra ou ministrar um curso. Há algumas razões para isso:

- A distância física e temporal entre quem ensina e quem aprende requer uma forma de comunicação diferenciada.
- A linguagem empregada não é predominantemente oral, como acontece em uma sala de aula convencional, é também textual, gráfica e multimidiática.
- Os conteúdos educacionais precisam fazer melhor uso do potencial das mídias nas quais são apresentados.

Reconhecer essas diferenças implica adotar a lógica de produção editorial – com um fluxo de informação bem planejado, o bom emprego das linguagens e o respeito a direitos autorais de terceiros que venham a ser citados.

Assim, mirando em um processo profissional de elaboração de conteúdos, o professor pode utilizar algumas técnicas, como veremos a seguir.

TÉCNICA DE MAPEAMENTO MENTAL

A técnica de mapeamento mental foi criada por Tony Buzan (2009), psicólogo inglês a quem se atribui a sistematização do método. Trata-se de uma representação visual de esquemas mentais a respeito de um assunto ou área de estudo. Esse tipo de diagrama parte de um conceito central único, do qual se irradiam os tópicos e os subtópicos relacionados.

A figura 3 traz um exemplo de mapa mental para a área de estatística, destrinchado em tópicos e subtópicos relacionados.

No design de conteúdos educacionais, o mapeamento mental permite ao professor ter em mãos uma visão geral da estrutura interna do material a ser elaborado. A partir disso, os tópicos podem ser organizados para evidenciar as principais divisões, seções e outras partes do conteúdo.

No caso de um material impresso, o mapa pode dar origem a uma organização linear como o sumário. Em materiais digitais, a organização pode ser hipertextual, com links que remetem aos diferentes itens mapeados.

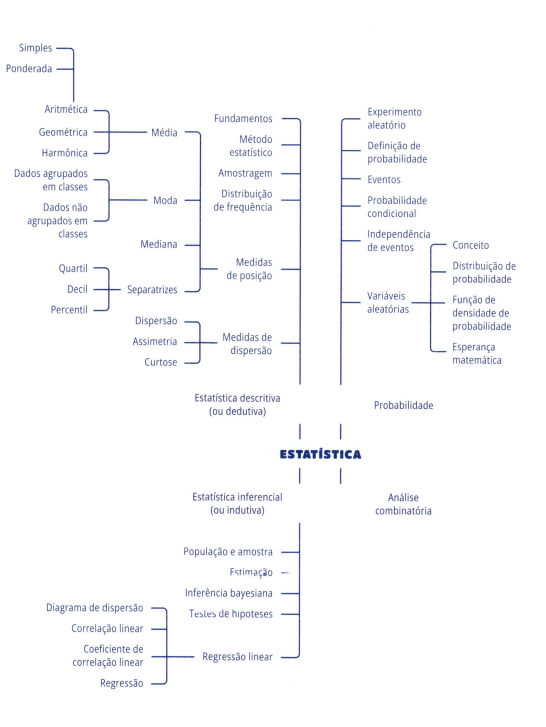

Figura 3. Mapa mental para a área de estatística.

Fonte: adaptado de Marcotti (2019).

IMPORTANTE

A técnica de mapeamento mental remete aos mapas conceituais desenvolvidos na década de 1970 por Joseph Novak com base na teoria de aprendizagem significativa de Ausubel, que vimos no capítulo 4.

Ambos os formatos são maneiras de representar graficamente as relações entre um conjunto de conceitos centrais em uma área do conhecimento (NOVAK; CAÑAS, 2010).

A diferença entre eles está no fato de que os mapas conceituais explicitam as relações entre os conceitos por meio de frases de ligação, como "deriva de", "composto por" e "exemplificado por". Assim, não apenas os conceitos-chave e os subconceitos relacionados são evidenciados, mas também como eles se relacionam entre si.

Os mapas mentais podem ser construídos de maneira simples, usando para isso apenas lápis e caneta. Mas a técnica se disseminou de tal maneira em várias áreas do conhecimento e práticas que hoje existem inúmeros softwares para apoiar sua elaboração. CmapTools, MindMeister e Miro, entre muitos outros, são exemplos de softwares gratuitos que podem ser usados pelos professores (e alunos) com essa finalidade (veja também FERNANDES, 2019).

TÉCNICA *MASH-UP*

O termo *mash-up* é bastante utilizado na área musical para descrever a tendência crescente de pegar duas ou mais peças musicais e combiná-las em uma nova música. No campo da informática, ele descreve a criação de um aplicativo a partir de outros dois sistemas independentes (por exemplo, um sistema novo que liga um site de compras à conta digital de um cliente para a realização de pagamento imediato).

No design de conteúdos educacionais, a técnica *mash-up* – também conhecida como mosaico ou colcha de retalhos – corresponde à prática de selecionar referências bibliográficas e materiais de apoio para, com base nos itens pesquisados, elaborar um conteúdo totalmente inédito.

A técnica *mash-up* tem muitas vantagens em relação ao desafio de elaborar conteúdos. Ela traz à tona múltiplas perspectivas sobre determinado assunto e inspira o professor ao fornecer abordagens criativas a respeito dos tópicos tratados. Além disso, oferece subsídios para a elaboração de casos práticos e, ainda, modelos de ilustrações que podem ser usados como base pelo professor. Por fim, a técnica reúne um conjunto de indicações bibliográficas que podem ser apresentadas como material complementar aos alunos.

No entanto, a técnica *mash-up* exige cuidados redobrados. Entre eles, a pesquisa e a seleção de fontes precisam ser criteriosas para separar o joio do trigo. Também é importante respeitar a cultura de direitos autorais, uma vez que lidaremos com obras intelectuais criadas por terceiros.

Além disso, para que o resultado seja efetivo, o professor precisa construir uma argumentação clara, com atenção especial à adaptação da linguagem ao perfil de seus alunos.

CONSTRUÇÃO DO DIÁLOGO DIDÁTICO SIMULADO

Seja para elaborar um conteúdo predominantemente textual, seja para roteirizar uma videoaula, por exemplo, o professor se vê diante do desafio de simular a comunicação que aconteceria em uma interação face a face.

Como o trabalho docente se apoia bastante na comunicação oral, não é incomum que o professor tenha dificuldades em transportar essa conversa para um suporte textual, por exemplo.

Vamos pensar em uma situação clássica. O professor prepara um conjunto de slides para apoiar uma aula expositiva. Em cada slide, inclui os elementos centrais de sua fala. A fim de que a comunicação se efetive, o professor precisa explicar oralmente o conteúdo de cada slide, tópico a tópico, as relações entre os tópicos e também as transições de slide a slide.

Elaborar conteúdos se assemelha muito a criar esse discurso oral, com a grande de diferença de que não temos os alunos diante de nós demonstrando se estão acompanhando nossa linha de argumentação ou fazendo perguntas quando não estiverem entendendo.

> **IMPORTANTE**
>
> Börje Holmberg (1983), professor sueco que atuou por anos na FernUniversität, na Alemanha, cunhou a expressão "conversação didática orientada" para descrever o diálogo entre o professor e os alunos inspirado nas conversas de sala de aula presencial.
>
> Segundo o autor, essas conversas funcionam muito bem no ensino tradicional e, por isso, podem ser adaptadas aos conteúdos educacionais, desde que sigam alguns postulados básicos (FILATRO, 2017):
>
> - O sentimento de que existe uma relação pessoal entre alunos e educadores promove o prazer intelectual e a motivação para estudar.
> - Esse sentimento pode ser replicado em um conteúdo educacional bem elaborado, que transmita a sensação de comunicação de mão dupla.
> - Uma linguagem pessoal favorece o sentimento de interação.
> - Mensagens transmitidas em forma de conversação são mais facilmente compreendidas e recordadas.
> - A ideia da conversação didática orientada pode ser utilizada com sucesso na produção de mídias, inclusive aquelas empregadas na educação totalmente a distância.

Assim, ao elaborar conteúdos educacionais, em seus mais diferentes formatos, é fundamental antecipar potenciais dúvidas e necessidades dos alunos. Para isso, o professor deve simular o diálogo didático que ele estabeleceria com os alunos em sala de aula.

Algumas questões norteadoras ajudam a construir esse diálogo, como mostra o quadro 1.

O professor pode recorrer a expressões do tipo "como você deve estar imaginando...", "talvez você pergunte...." ou ainda "é comum as pessoas acharem..." para aproximar o aluno da conversa. Desse modo, produz-se a impressão de o professor estar falando diretamente com o aluno.

Quadro 1. Questões norteadoras para subsidiar a construção do diálogo didático simulado

Questões norteadoras	Providências
Qual é o tema básico do conteúdo educacional?	Direcione a atenção do aluno para o tema e sua importância.
Como esse tema pode ser explicado de maneira clara, objetiva e completa?	Imagine como você gostaria que o aluno respondesse se fosse perguntado do que trata o tema.
Há sinônimos, palavras estrangeiras, siglas ou expressões relacionadas que o aluno precisa entender para dominar o tema?	Crie um breve parágrafo ou inclua um parêntese para explicar os termos e as expressões.
Há alguma questão histórica ou relativa à origem desse conceito que o aluno precisa saber para que o compreenda?	Inclua uma linha do tempo para ajudar a posicionar fatos históricos.
Há alguma questão relativa à localização geográfica ou espacial importante para a compreensão do tema?	Inclua a localização do termo em um mapa geográfico ou espacial (por exemplo, a planta de um edifício).
Esse tema pode ser subdividido em categorias e subcategorias?	Inclua um diagrama com o tema central relacionado aos subtemas.
Como esse tema se relaciona a outros tópicos de conteúdo?	Inclua uma parte do mapeamento mental realizado.
Esse tema pode ser subdividido em etapas?	Inclua um fluxograma para deixar clara a sequência das etapas.
Que exemplos concretos podem deixar mais claro esse tema?	Inclua figuras com legendas explicativas.
Há algum alerta ou aviso ao qual o aluno precisa estar atento no que diz respeito a esse tema?	Crie chamadas sobre meio ambiente, segurança, questões éticas, entre outros aspectos transversais.

Adicionamos um elemento mobilizador à linguagem, indo além da mera organização lógica de conteúdos. O objetivo central é gerar um impacto sobre o público. Daí a importância de conhecer muito bem o perfil dos alunos, como vimos na fase de análise do design instrucional (DI).

BOAS PRÁTICAS DE REDAÇÃO

O diálogo didático simulado se apoia em boas práticas de redação, que permitam ao professor estabelecer uma comunicação efetiva com seus alunos.

As boas práticas de reação certamente incluem o emprego correto do vocabulário e a aplicação adequada de normas ortográficas gramaticais. No entanto, esses não são os únicos fatores que determinam a qualidade comunicacional de um conteúdo elaborado com propósito educacional (FILATRO; CAIRO, 2015).

Outras características ajudam a aperfeiçoar a linguagem escrita, de modo que o conteúdo elaborado não represente para o aluno uma sobrecarga cognitiva, como mostra o quadro 2.

Quadro 2. Características desejáveis para a linguagem escrita

Característica	Objetivo	Providências
Clareza	Tornar o conteúdo compreensível para o interlocutor ao qual ele se destina.	■ Eleger uma ideia predominante por parágrafo. ■ Deixar claro para o leitor a relação coerente entre essa ideia predominante e as ideias secundárias tratadas no material.
Concisão	Obter o máximo de expressividade com o mínimo de palavras.	■ Escolher termos compatíveis com o nível de conhecimento do aluno ao explicar um tópico e introduzir vocabulário técnico ou científico. ■ Eliminar repetições e palavras desnecessárias.
Coerência	Adequar o conteúdo em termos de verossimilhança e inteligibilidade.	■ Ajudar o aluno a compreender a ligação, o nexo ou a harmonia entre os diferentes tópicos apresentados.
Coesão	Articular as várias ideias abordadas.	■ Oferecer pistas e sinais para que o aluno possa fazer inferências, estabelecer pontos de significado e construir relações lógicas.

(continua)

Característica	Objetivo	Providências
Intratextualidade	Organizar o conteúdo para destacar a unidade, a continuidade e a progressão.	▪ Fazer a abertura de uma seção "conversar" com o fechamento. ▪ Criar referências cruzadas entre tópicos e seções.
Intertextualidade	Evidenciar as relações estabelecidas com referências externas que influenciam a elaboração do conteúdo.	▪ Citação direta (reprodução literal de materiais de terceiros, palavra por palavra): deve aparecer entre aspas, seguida pelo crédito à fonte original (no mínimo, nome do autor e ano de publicação).[1] ▪ Citação indireta ou paráfrase (livre reprodução das ideias de outro autor, com palavras diferentes, a fim de torná-las mais inteligíveis aos alunos ou apresentá-las sob um novo enfoque): não se empregam aspas, pois não se trata de reprodução literal, mas é preciso informar claramente a fonte da qual as ideias foram retiradas.

Fonte: adaptado de Filatro e Cairo (2015).

Vale destacar que as providências citadas se aplicam também a conteúdos preparados em linguagem oral (por exemplo, um *podcast*) e até visual (por exemplo, um infográfico que combina textos e imagens), na medida em que colocam os interesses do aluno-interlocutor no centro da comunicação.

Para encerrar esta seção, há um ponto importantíssimo a considerar ao elaborar conteúdos educacionais: o balanceamento da carga cognitiva. Vamos partir do princípio de que a compreensão de um texto é uma combinação entre novas informações apresentadas com nossos conhecimentos anteriores sobre determinado tópico. Essa compreensão acontecerá de

---

1 Convém observar que as citações diretas e as paráfrases são muito utilizadas em trabalhos científicos com o propósito de validar o ponto de vista do autor que defende uma tese. Em conteúdos didáticos, as citações são mais raras, uma vez que o maior valor dos recursos educacionais está justamente no diálogo didático construído para tornar o mais claro possível o conteúdo apresentado.

maneira muito mais rápida e eficiente se as novas informações estiverem de acordo com as normas da língua compartilhadas pelo público e dialogarem com os conhecimentos prévios do aluno. Fica evidente, mais uma vez, a necessidade de conhecer bem o perfil do aluno, nosso interlocutor.

USO DE IMAGENS E ORGANIZADORES GRÁFICOS

Uma ampla variedade de elementos visuais pode auxiliar na comunicação dos conteúdos educacionais. Alguns deles são apenas ilustrativos, pois não exploram diretamente conteúdos técnicos ou científicos. Eles têm por função motivar, apelando para a estética ou o humor, prover aspectos motivacionais ao longo de um conteúdo muito longo, ou mesmo arejar uma página ou tela a fim de facilitar a interação dos alunos com o conteúdo.

No entanto, é necessário considerar que o uso excessivo de figuras ilustrativas pode desviar a atenção do conteúdo principal, sobrecarregando cognitivamente o aluno.

Figuras usadas para fins ilustrativos podem ser selecionadas a partir de mecanismos de busca por meio de palavras-chave. Convém observar, contudo, que a maioria das imagens disponíveis na web é protegida por direitos autorais e não pode ser reproduzida sem autorização prévia e, em alguns casos, sem o pagamento de direitos de reprodução.

Uma alternativa é buscar em bancos de imagens gratuitos, como o Wikimedia Commons, que disponibiliza milhares de fotos e ilustrações abertas para uso gratuito (desde que seja dado o devido crédito ao autor, vale lembrar).

Algumas instituições de ensino assinam bancos de imagens pagos, que oferecem milhares de imagens de qualidade sobre os mais variados tópicos de conteúdo. No entanto, imagens técnicas ou científicas são mais raras, seja nos bancos gratuitos ou pagos, porque, como regra geral, são bastante específicas e interessam a um público menor.

Se o professor faz parte de uma equipe de desenvolvimento de conteúdos, ele pode encomendar a elaboração de uma ilustração totalmente original.

Há, porém, um tipo de ilustração com finalidade educacional que o próprio professor pode construir usando ferramentas simples. São os chamados organizadores gráficos, que podem ser elaborados a partir de recursos de fácil manejo, disponibilizados em processadores de texto ou softwares de apresentação de slides.

Esse tipo de ilustração ajuda a tornar a apresentação de conteúdos mais completa e coerente. Por meio de esquemas e diagramas, pode-se resumir, exemplificar ou explicar um ou mais tópicos de estudo, incluindo etapas de um processo, aspectos positivos e negativos, similaridades e diferenças, causas e efeitos, mudanças ao longo do tempo, entre outros.

Por exemplo, um diagrama em forma de pirâmide pode ajudar a evidenciar relações hierárquicas, enquanto um diagrama em forma de funil pode mostrar a filtragem de informações ou como as partes se mesclam para formar um todo, como mostra a figura 4.

Diagrama em forma de pirâmide

Diagrama em forma de funil

Figura 4. Exemplos de organizadores gráficos.

Além das imagens estáticas, como fotografias, ilustrações e organizadores gráficos, há outro tipo de imagens utilizadas de modo dinâmico no design de conteúdos educacionais: o vídeo, particularmente na forma de videoaulas. É o que veremos na próxima seção.

PREPARAÇÃO E GRAVAÇÃO DE VIDEOAULAS

O vídeo é uma mídia poderosa para atrair e manter a atenção dos alunos, pois combina as linguagens gráfica, auditiva e textual em um único suporte.

Ele permite ainda a apresentação de conteúdos de difícil disponibilização em outras mídias, como demonstrações de situações de risco, simulações de incidentes críticos, registro de fenômenos naturais e imagens dinâmicas que não podem ser vistas a olho nu (FILATRO, 2015).

Entre os diversos tipos de vídeos educacionais, destacamos as videoaulas, que buscam reproduzir o diálogo didático que o professor estabelece na sala de aula presencial. Nesse sentido, é importante fazer algumas distinções importantes entre aulas presenciais em sala de aula física, videoaulas gravadas e videoaulas ao vivo, que se tornaram corriqueiras desde que o ensino remoto foi implantado para enfrentar o isolamento social causado pela pandemia de covid-19.

A figura 5 resume as diferenças entre aulas presenciais, gravadas e ao vivo mediante tele ou webconferência.

Figura 5. Comparação entre aulas presenciais, gravadas e ao vivo.

Nas aulas presenciais, o planejamento e a execução da fala do professor em geral acontecem de maneira simultânea. Mesmo que o professor tenha preparado antecipadamente alguns slides para apoiar sua exposição, ele acaba construindo a retórica instrucional ao mesmo tempo de sua apresentação aos alunos, aproveitando as reações e os questionamentos deles para expor os conteúdos do modo mais contextualizado possível.

Nas videoaulas gravadas, por outro lado, o planejamento do que será dito ocorre antes da execução da fala – e isso ocorre por várias razões. Em primeiro lugar, a atenção do aluno diante de uma exposição em vídeo é diferente daquela que ele mantém em uma sala de aula presencial, delineada para que a atenção do aluno seja direcionada prioritariamente ao professor. Em segundo lugar, na videoaula gravada, é preciso sincronizar a fala do professor com os apoios visuais preparados para esse fim, seja na forma de slides, seja na forma de legendas textuais. E, em terceiro lugar, mas não menos importante, ainda é necessário que o professor administre bem o tempo de gravação do vídeo, dedicando um intervalo proporcional à explicação dos diferentes tópicos que compõem uma unidade de estudo.

Figura 6. A atenção do aluno diante de uma videoaula é diferente daquela que ele mantém em uma sala de aula presencial.

Quanto às videoaulas ao vivo, aquelas realizadas por meio de tele ou webconferência, espera-se do professor um planejamento mais rigoroso do que aquele que ele aplicaria em uma palestra presencial, exatamente porque seus interlocutores estão distantes. Por melhor que sejam as ferramentas de comunicação empregadas, fica claro que o tempo síncrono, em que as pessoas estão reunidas no mesmo espaço (virtual) e no mesmo período temporal, é caro demais para ser empregado com questões que poderiam ser antecipadas pelo professor na fase de planejamento.

Como vemos, a atuação do professor em um estúdio de gravação, ainda que caseiro, requer um tipo de concentração totalmente diferente daquele empregado na interação direta com os alunos. Na maioria das vezes, o professor interage com uma câmera impessoal, tendo que se manter em uma posição determinada, em um enquadramento definido e debaixo de luzes por um longo tempo.

Além disso, ressaltamos que, em uma situação de gravação de vídeo, a câmera capta e eterniza todas as emoções do professor. Se ele está inseguro quanto à melhor palavra a empregar, se ele hesita na transição entre uma ideia e outra, se ele se esquece da data de um evento ou se ele se confunde com a pronúncia de um termo estrangeiro, tudo isso tende a ser amplificado em uma aula gravada – ao contrário do que acontece em um discurso ao vivo e face a face, em que prevalecem o calor do momento e a riqueza da interação pessoal.

Assim, por essas características, é importante que o professor adote uma série de cuidados ao planejar e gravar suas videoaulas:

- Em termos de estrutura do discurso, a chave é manter o foco. De maneira paralela ao que se recomenda para o texto escrito, na linguagem oral, é preciso manter uma ideia principal por parágrafo (ou por slide). É também recomendável dividir o conteúdo em tópicos ou títulos que reflitam um mapeamento mental como aquele utilizado para organizar textos inéditos.

- As frases devem ser breves, de preferência na ordem direta (sujeito, verbo e complemento), em curtos intervalos de tempo. O tom coloquial e a fluência verbal permitem ao professor estabelecer um diálogo didático com seus alunos.

- Recomenda-se que, nos materiais de apoio, o professor priorize a linguagem visual a textual, por causa de seu poder de síntese. Aqui, figuras técnicas e organizadores gráficos fazem muito mais sentido do que figuras ilustrativas que agregam pouco valor técnico ou científico. (A cultura de direitos autorais deve ser igualmente respeitada, dando-se o devido crédito a materiais de terceiros.)

- Ainda no que diz respeito à forma, é importante adotar contrastes (claro/escuro, letras pequenas/grandes, negritos, cores) para destacar o que é importante. Mas deve-se cultivar a parcimônia, pois, em um slide no qual tudo é destacado, nada é considerado de fato relevante.

- No que diz respeito ao texto, geralmente registrado em um roteiro e algumas vezes exibido em um teleprompter para facilitar a leitura pelo professor em uma situação de estúdio, valem as mesmas boas práticas de redação, como editar frases em busca da concisão.

Uma das recomendações finais é ensaiar o que será dito, ou seja, ler em voz alta o texto roteirizado para conferir ênfases, entonação, pronúncia e ritmo. O ensaio é indicado também ao professor que trabalha apenas com tópicos de conteúdo, em vez de ter um roteiro completo para ser lido em um teleprompter. Em ambos os casos, o ensaio permite ao professor cronometrar o tempo de apresentação antes da gravação definitiva e, se necessário, fazer cortes ou acréscimos ao material.

CURADORIA DE CONTEÚDOS EDUCACIONAIS

O design de conteúdos educacionais nem sempre envolve a autoria de materiais totalmente inéditos. À medida que as tecnologias da informação e comunicação (TIC) se democratizam, se torna mais possível encontrar conteúdos educacionais prontos, a ser utilizados para apoiar a aprendizagem.

A prática de selecionar e utilizar conteúdos de terceiros é chamada de curadoria. A palavra vem do latim *curare*, que significa "tomar conta de alguém". É um termo muito aplicado em artes plásticas para indicar a pessoa que organiza uma exposição artística. Ao reunir obras de um ou mais artistas de acordo com um tema específico e em uma sequência de apresentação, a curadoria busca causar o maior impacto possível sobre o público-alvo (FILATRO, 2018).

Figura 7. A curadoria é a prática de selecionar e utilizar conteúdos de terceiros.

Mas o que significa a curadoria no contexto educacional? Existem muitas explicações para o emprego desse termo, mas podemos estabelecer como ponto de partida que se trata de uma metodologia para pesquisar, descobrir, filtrar, contextualizar e disponibilizar, a um público definido, conteúdos em diferentes formatos, visando a necessidades específicas.

Curadoria não é, porém, o mero compartilhamento de materiais de terceiros. Como significa "cuidado", tem a ver com as demandas do outro. É, assim, uma atividade relacionada a criar um fio condutor coerente para um conjunto de informações, dados e conhecimentos originados em contextos diversificados.

Garcia e Czeszak (2019) comparam a curadoria a uma bússola, que orienta as pessoas para um norte ao atribuir valor, objetivos e perspectivas à seleção, à extração e à construção de novos sentidos.

A curadoria é uma tarefa que, de modo consciente ou não, faz parte das atividades do professor, uma vez que o trabalho docente envolve pesquisar, selecionar e organizar materiais para preparar aulas.

No contexto atual, entretanto, diante do alto volume informacional proporcionado pela expansão das tecnologias digitais, exige-se do professor um cuidado muito maior na seleção dessas informações. Podemos descrever esse papel como o de um professor curador.

Bhargava (2011) propõe cinco modelos para a curadoria de conteúdos em geral e que podem ser adaptados a fim de subsidiar o trabalho do professor curador.

1. **Curadoria por agregação:** refere-se a selecionar as informações mais relevantes sobre determinado tópico e exibi-las em um único local. O exemplo mais comum são as listas do tipo "10 ferramentas interessantes para editar vídeos". Em sala de aula, o professor pode reunir materiais de terceiros com exemplos de algum conceito ou princípio ensinado ou pode solicitar que os próprios alunos analisem e abstraiam conceitos e princípios a partir de um conjunto de exemplos curados.

2. **Curadoria por destilação:** equivale a curar informações em um formato simplificado, no qual apenas as ideias mais importantes são compartilhadas. Em situação didática, a destilação pode ser utilizada para evitar a sobrecarga cognitiva.

3. **Curadoria por elevação:** diz respeito a identificar uma tendência maior a partir de microinformações disponibilizadas em grandes quantidades. A elevação pode ser aplicada às mensagens trocadas entre os alunos ou ao acompanhamento de determinados tópicos discutidos em microblogs.

4. **Curadoria por *mash-up*:** tem por objetivo a fusão de conteúdos existentes para estabelecer um ponto de vista. No campo educacional, como vimos anteriormente, o *mash-up* é uma técnica com o intuito de criar um conteúdo usando a curadoria de conteúdos existentes como base.

5. **Curadoria por cronologia:** reúne informações históricas organizadas em uma linha do tempo para mostrar a evolução de determinado tópico. No contexto educacional, pode ser uma forma de recontar a história por meio de materiais informativos que existiram ao longo do tempo a fim de provar como as experiências e os entendimentos sobre um tópico mudaram ou evoluíram.

É importante ter em mente que a curadoria educacional não ocorre no vácuo. Ela sempre está atrelada a um plano pedagógico, a objetivos de aprendizagem claros e a metodologias que estimulem a participação ativa dos alunos em relação aos conteúdos curados.

Outro ponto a ser observado é que, assim como a autoria de conteúdos inéditos, a curadoria envolve um grande esforço de análise e contextualização dos conteúdos, visando ao cuidado com o público-alvo.

Isso significa que o trabalho do professor não consiste apenas em filtrar e compartilhar materiais de terceiros que sejam confiáveis e contribuam para os objetivos de aprendizagem. Ele envolve também atribuir sentido a esses materiais, oferecendo aos alunos mais do que os meros caminhos de acesso (como indicação de links e orientações para login e senha, caso seja necessário algum tipo de cadastro).

Ou seja, assim como faz na sala de aula convencional quando recomenda uma leitura ou um site aos alunos, o professor deve:

- justificar a recomendação do material de terceiros;
- oferecer um contexto mínimo, como quem é o autor e quando o material foi escrito;
- informar que pontos os alunos devem observar e, principalmente, como esse material se relaciona aos objetivos de aprendizagem.

Assim, faz parte das atribuições do professor pensar no design de situações de aprendizagem completas que incorporem práticas de curadoria.

DIREITOS AUTORAIS NO DESIGN DE CONTEÚDOS EDUCACIONAIS

Textos, imagens, músicas, animações e vídeos são produtos que exigem esforço intelectual de seus criadores. Por essa razão, sejam elas analógicas (físicas) ou digitais, são obras protegidas por legislação nacional (a Lei n. 9.610/1998, conhecida como Lei de Direitos Autorais) e por tratados internacionais (como a Convenção de Berna, da qual o Brasil é signatário desde 1922).

PARA SABER MAIS

Para conhecer melhor os aspectos legais relacionados aos direitos autorais, você pode ler na íntegra a Lei de Direitos Autorais (BRASIL, 1998) e a Convenção de Berna (BRASIL, 1975).

Em linhas gerais, os direitos autorais incidem sobre textos, ilustrações, fotografias, áudios, vídeos, etc., mas não se aplicam a ideias ou pensamentos.

Por lei, os direitos autorais são divididos em:

- **Direitos morais:** relacionados à autoria propriamente dita; representam o vínculo perene que une o criador à sua obra. Correspondem aos direitos à citação como autor e de ser consultado em caso de alterações da obra. Também implicam a responsabilidade legal sobre o conteúdo da obra.

- **Direitos patrimoniais:** conferem ao autor a prerrogativa de usar ou autorizar a utilização de sua obra, no todo ou em parte, ou ceder os direitos de comercialização para terceiros.

Respeitar os direitos morais significa dar crédito a conteúdos de terceiros – uma prática obrigatória, não importa se os conteúdos estão liberados gratuitamente para uso ou se são protegidos por *copyright* (direito de cópia).

Aplica-se aqui a chamada regra de ouro: "fazer aos outros o que você gostaria que fizessem a você". Nesse caso específico, dar crédito para também receber crédito de autoria por suas obras originais.

Na mesma linha de raciocínio, o conceito internacional de *fair use* ("uso justo") permite o uso de materiais de terceiros protegidos, desde que haja propósitos específicos previstos na legislação, como é o caso das ações educacionais sem fins lucrativos. Em geral, esse uso é regido por critérios como a natureza do trabalho utilizado, a quantidade e a proporcionalidade do uso em relação à obra como um todo e o efeito desse uso relativamente ao mercado potencial ou ao valor do trabalho sob o direito de autor.

Figura 8. Respeitar os direitos morais significa dar crédito a conteúdos de terceiros.

Todas essas questões dizem respeito aos direitos morais. No entanto, quando reproduzimos um texto, uma ilustração ou uma fotografia, um áudio ou um vídeo, não basta dar o crédito ao autor. É preciso pedir autorização prévia para o detentor dos direitos patrimoniais. A autorização é obtida de terceiros pela assinatura de um termo de direito de uso, que deve ser arquivado para fins de comprovação.

O desrespeito a direitos autorais pode configurar plágio, que consiste basicamente em apresentar algo produzido por terceiros como se fosse de autoria própria. Mesmo com as facilidades eletrônicas de recortar e colar, essa prática não é recomendada e pode representar um risco institucional importante.

Entre as boas práticas de direitos autorais, podemos mencionar:

- Registrar sempre toda e qualquer referência utilizada durante a elaboração do conteúdo educacional, incluindo o nome do autor e da editora, o título da obra, o local e a data de publicação.

- Ao citar materiais de terceiros com base no conceito de *fair use*, informar o crédito completo, respeitando sempre os direitos morais do autor, além dos direitos patrimoniais.

- Para imagens, sons e animações, verificar sempre a necessidade de solicitar a autorização de uso, de modo que nenhum direito de criação seja desrespeitado.

- Nos casos em que a legislação não é clara, é importante seguir a política de direitos autorais da instituição na qual o professor curador está inserido.

É fundamental considerar ainda que a reprodução da imagem de pessoas em fotografias, ilustrações e vídeos também requer cuidados. Nesses casos, é necessário obter igualmente a cessão formal dos direitos de imagem. Em se tratando de imagens de menores de 18 anos, os cuidados devem ser redobrados.

FILOSOFIA DE ABERTURA E RECURSOS EDUCACIONAIS ABERTOS

A criação intelectual, independentemente do suporte no qual esteja registrada, é sempre protegida. A autoria de conteúdos digitais é uma atividade cada vez mais colaborativa, e o produto resultante dessa prática é cada vez mais coletivo. Por essa razão, diversos autores inspirados por uma filosofia de abertura abrem mão de seus direitos patrimoniais (mas nunca dos direitos morais) e disponibilizam suas obras livremente. Para isso, utilizam licenças de uso não restritivas ou mesmo de domínio público.

Entre as licenças abertas, a mais conhecida é o Creative Commons, que dá aos autores o poder de gerenciar os próprios direitos diretamente, sem intermediários, substituindo a abordagem de "todos os direitos reservados" (simbolizados pela marca de *copyright* ©) por "alguns direitos autorais reservados" (simbolizados pela marca de *copyleft* ℭ).

Sob a licença Creative Commons, o autor pode combinar uma série de liberdades ou restrições, como optar por uma licença que permita qualquer uso ou escolher uma licença somente para uso não comercial. Ele também pode optar por uma licença que permita utilização integral, mas não edição do conteúdo original.

Por meio de uma licença aberta, qualquer pessoa pode copiar, traduzir e modificar os recursos disponibilizados. Em geral, as restrições são de que a fonte original seja citada (direitos morais) e, comumente, que os materiais não sejam utilizados para fins comerciais (direitos patrimoniais).

Entre os recursos didáticos que se apoiam na filosofia de abertura, estão os recursos educacionais abertos (REA) – materiais educacionais digitalizados oferecidos livre e gratuitamente, abertos a educadores, pesquisadores, estudantes e aprendizes para uso e reúso em atividades docentes de aprendizagem e de pesquisa.

No quadro 3, são apresentados alguns exemplos de recursos educacionais.

Quadro 3. Plataformas de recursos educacionais

eduCapes

Repositório de recursos digitais abertos para uso por alunos e professores da educação básica, superior e de pós-graduação. Engloba textos em formato PDF, livros didáticos, artigos de pesquisa, teses, dissertações, videoaulas, planos de aula e outros materiais de pesquisa e ensino licenciados de maneira aberta ou sob domínio público.

YouTube Edu

Plataforma gratuita, apoiada pela Fundação Lemann, com oito mil vídeos de ensino médio, oriundos de diversas fontes, classificados por disciplina e/ou temática e distribuídos em *playlists* para cada ano do ensino fundamental e médio.

Khan Academy

Academia completa e gratuita de vídeos, apoiada pela Fundação Lemann, destinada a escolas públicas. Possui formação para professores com certificado e orientação a pais e escolas. O foco é no ensino fundamental, com vídeos organizados por disciplinas e por anos. Para o ensino médio, há aulas de matemática.

Nerdologia

Canal brasileiro de vídeos no YouTube sobre divulgação científica, comandado por Átila Iamarino e Filipe Figueiredo, que apresenta explicações científicas sobre diferentes áreas do conhecimento.

Escola Digital

Plataforma gratuita voltada a professores, gestores e redes de ensino, com mais de trinta mil recursos digitais de aprendizagem em diferentes formatos (textos, jogos, simulações e vídeos). Traz metadados variados (como licença, formato e modalidade), planos de aula e roteiros de estudo.

Descomplica

Cursinho on-line preparatório para o Exame Nacional do Ensino Médio (Enem), com base em vídeos e testes de múltipla escolha, tendo uma série de recursos interessantes mais centrados no aluno.

Hora do Enem

Plataforma de estudo com conteúdo de preparação para o Enem, incluindo boletim de notícias, programas de televisão, vídeos com conteúdos focados no Enem e resoluções de questões, simulados, gabaritos oficiais, orientação para acesso a programas do governo federal, como ProUni, Sisutec e Fies.

(continua)

Senai – Competências transversais

Cursos on-line, 100% a distância, nas áreas de desenho arquitetônico, consumo consciente de energia, educação ambiental, empreendedorismo, finanças pessoais, fundamentos de logística, legislação trabalhista, lógica de programação, metrologia, noções básicas de mecânica automotiva, propriedade intelectual, segurança no trabalho, e tecnologias da informação e comunicação.

Laboratório Didático Virtual – LabVirt-USP

Simulações construídas com base em roteiros de alunos do ensino médio de escolas da rede pública nas áreas de física e química.

Como podemos notar, os REA abrangem cursos, módulos de conteúdo e objetos de aprendizagem, entre outros recursos. Incluem também ferramentas para apoiar o desenvolvimento, o uso, o reúso, a busca e a organização de conteúdos, bem como sistemas de gerenciamento de aprendizagem e ferramentas de autoria, armazenamento e pesquisa de conteúdos.

SÍNTESE

Neste capítulo, analisamos vários aspectos relacionados ao design de conteúdos educacionais, particularmente no que diz respeito à autoria de materiais inéditos e à curadoria de materiais de terceiros. Investigamos técnicas de criação de conteúdos textuais, visuais e orais, na busca pelo desenvolvimento de conteúdos de qualidade para apoiar a aprendizagem de nossos alunos.

Mas sabemos que a educação não se restringe à entrega de conteúdos. Além das atividades de aprendizagem que abordamos no capítulo 5, precisamos ainda explorar um elemento do processo de ensino-aprendizagem cada vez mais presente nas situações didáticas: as tecnologias educacionais. Essa é a temática do capítulo a seguir.

CAPÍTULO 7

Design instrucional e tecnologias educacionais

Após o estudo deste capítulo, você será capaz de:

- diferenciar mídias e tecnologias;
- compreender usos das tecnologias em educação;
- entender o conceito de ambiente virtual de aprendizagem;
- relacionar tecnologias educacionais e inovação.

Neste capítulo, vamos tratar de um dos elementos do design instrucional (DI) que mais desafiam os professores nos dias atuais: as tecnologias aplicadas à educação. Dos milhares de aplicativos disponíveis para uso por nossos alunos até os robustos sistemas de gerenciamento da aprendizagem empregados na educação a distância (EAD), há espaço para ferramentas de colaboração, de autoria, de simulação, entre outras, sem mencionar as tecnologias assistivas que contribuem para proporcionar ou ampliar habilidades funcionais de pessoas com deficiência. Nosso objetivo é entender como esse arsenal de recursos pode ser colocado a serviço da aprendizagem centrada no aluno.

MÍDIAS E TECNOLOGIAS NA EDUCAÇÃO

Para iniciar nossa viagem pelo mundo das tecnologias na educação, podemos diferenciar dois conceitos centrais:

- As mídias como "meios" ou "suportes" de comunicação.
- As tecnologias, que possibilitam acesso, veiculações de informações e todas as demais formas de ação comunicativa (KENSKI, 2003).

Figura 1. Um texto pode ter como suporte a mídia digital e ser acessado por uma tela de computador ou outro dispositivo portátil.

Alguns exemplos ajudam a esclarecer essa distinção: um texto repleto de ilustrações pode ter como suporte a mídia impressa e ser veiculado em um livro ou revista, ou então ter como suporte a mídia digital e ser acessado por uma tela de computador. Uma entrevista pode ser comunicada em áudio via radiotransmissão ou por meio de arquivos de áudio executados em dispositivos portáteis, como smartphones e tablets.

Quando pensamos no uso de tecnologias na educação, podemos remeter aos primeiros softwares educacionais surgidos na década de 1960 e que evoluíram para sistemas eletrônicos mais complexos, integrando recursos e funcionalidades.

Nesse sofisticado caminho de evolução, os marcos mais visíveis foram a popularização dos computadores pessoais na década de 1980, a expansão comercial da internet em meados da década de 1990, a explosão dos dispositivos móveis e das redes sociais na década de 2000. Hoje, vivemos em plena era inteligente, com a robótica, a internet das coisas (IoT) e a inteligência artificial (IA) ganhando cada vez mais espaço na indústria, na agricultura, no entretenimento, no comércio, no governo e – como não poderia deixar de ser – na educação.

O quadro 1 apresenta uma categorização que reflete a evolução tecnológica ao longo do tempo.

As mídias, por sua vez, há muito tempo consideradas recursos audiovisuais de apoio à educação, também traçaram um caminho de evolução: avançaram para a convergência inicial nas multimídias off-line (disponibilizadas primeiro em disquetes, depois em CD-ROMs e DVDs) até chegarem às hipermídias imersivas (disponibilizadas nos repositórios de objetos de aprendizagem e acessíveis via web em mundos virtuais como o Second Life).

O quadro 2 apresenta diferentes tipos de mídia que podem ser empregados em educação, bem como suas possibilidades e limitações.

Quadro 1. Evolução das tecnologias

Categoria	Foco	Comunicação	Exemplos
Tecnologias distributivas	Transmissão de informações na forma de texto, imagem, ilustração, gráfico, áudio, vídeo ou multimídia	Um para muitos	▪ Livros impressos e digitais ▪ Programas de TV e rádio
Tecnologias interativas	Interação com informações e conteúdos a partir de ações interativas do usuário	Um para um	▪ Aplicativos de escritório ▪ Jogos e animações interativas
Tecnologias colaborativas	Reunião de pessoas em espaços comuns para discutir temas e construir conhecimentos	Muitos para muitos	▪ Salas de bate-papo, fóruns, mensageiros instantâneos
Tecnologias sociais	Criação e disponibilização dinâmica de conhecimentos em comunidades, redes ou coletivos	Muitos para milhares	▪ Blogs, wikis e redes sociais

(continua)

Categoria	Foco	Comunicação	Exemplos
Tecnologias móveis	Acesso e produção continuada a infor-mações e conteúdos em todo e qualquer tempo e lugar	Comunicação contínua por meio de redes sem fio e sensores	■ Smartphones ■ Tablets ■ Sensores de localização
Tecnologias exponenciais[1]	Fusão entre o mundo físico, o digital e o biológico	Seres humanos--máquinas Objetos-máquinas Máquinas--máquinas	■ Chatbots e assistentes virtuais ■ Realidade aumentada e virtual ■ IoT

Fonte: adaptado de Filatro *et al.* (2019); Filatro (2019).

Quadro 2. Possibilidades e limitações das mídias

Mídia	Possibilidades	Limitações
Páginas web	■ A linguagem é dinâmica e facilmente modificável. ■ O formato hipertextual permite navegação não sequencial. ■ Têm baixo custo de produção e de publicação. ■ Suportam interatividade (navegação, informação inserida pelo aluno, etc.). ■ Suportam avaliação.	■ A estrutura não sequencial pode dificultar o acesso à informação ou gerar confusão. ■ A leitura em tela pode gerar fadiga ■ Requerem equipamento especializado e conexão à internet. ■ Podem exigir requisitos extras (por exemplo, instalação de Java ou *plugins* como Adobe Reader).

(continua)

---

1 A expressão "tecnologias exponenciais" é usada para definir as tecnologias que crescem no ritmo da Lei de Moore, segundo a qual, a cada 18 meses, a quantidade de transistores nos circuitos integrados dobra, inclusive na capacidade de processamento, enquanto seu preço diminui significativamente.

Mídia	Possibilidades	Limitações
Fotografia, gráfico, diagrama e ilustração digital	- Comunicam informação concreta, específica e detalhada. - São apropriados para o estilo de aprendizagem visual. - Permitem cópia, compartilhamento e uso. - Têm baixo custo de reprodução e publicação. - Podem ser entregues também via dispositivos móveis.	- Têm menor valor informacional em comparação ao texto. - Os alunos podem resistir a imagens reutilizadas. - Exigem habilidades de "letramento visual" para melhor compreensão. - Requerem computador, eletricidade e conexão à internet.
Áudio digital	- Pode apresentar facilmente informação atualizada. - A informação é durável e pode ser revista várias vezes. - Os custos de produção são medianos e os custos de reprodução são baixos. - É apropriado para o estilo de aprendizagem auditivo. - Pode ser indexado ou catalogado, inclusive para acesso não sequencial.	- Requer computador potente e/ou conexão à internet de alta velocidade. - Exige capacidade de disco rígido elevada. - Pode não suportar apresentação de conteúdos complexos.

(continua)

Mídia	Possibilidades	Limitações
Vídeo digital	■ É um formato altamente motivador e não requer letramento. ■ A estrutura sequencial guia o aluno. ■ Comunica informação concreta, específica e detalhada. ■ É apropriado para estilos de aprendizagem visual, auditivo e cinestésico. ■ Pode apresentar informação contemporânea facilmente. ■ Pode ser catalogado e reutilizado, inclusive para acesso não sequencial.	■ Os custos de produção são elevados e os custos de reprodução, moderados. ■ Pode ser difícil de apresentar informação complexa. ■ Alguns alunos podem ter dificuldade de analisar e resumir a informação. ■ Requer computador potente e/ou conexão à internet de alta velocidade. ■ Exige capacidade de disco rígido elevada.

Fonte: adaptado de Nunes e Gaible (2002).

Diante de tantas opções tecnológicas e midiáticas, vale a pena observar mais uma vez que o foco principal da educação não são as mídias nem as tecnologias, mas as pessoas e os objetivos de aprendizagem que elas perseguem.

Nesse sentido, mais do que suportes de mídias ou recursos tecnológicos isolados, o DI centrado no aluno se baseia em sistemas que integram os diferentes elementos do processo de ensino-aprendizagem, como veremos na seção a seguir.

AMBIENTES VIRTUAIS DE APRENDIZAGEM

Todas as mídias e tecnologias citadas até aqui podem ser utilizadas de modo isolado ou em paralelo. Mas provavelmente falta a elas uma integração técnica que possibilite o acesso identificado e a troca dos dados resultantes da interação dos alunos com esses recursos.

É exatamente isso o que faz um sistema para gerenciamento da aprendizagem (LMS, do inglês *learning management system*). Usamos aqui o termo "sistema" no sentido de "sistema de informação", aquele que coleta, processa, analisa e dissemina informações com um propósito específico. A abordagem de sistemas proporciona uma maneira diferente de encarar a realidade – não como eventos isolados, mas como componentes de estruturas mais amplas.

Em linhas gerais, isso envolve o armazenamento de dados e a consulta a informações, a comunicação entre usuários, o rastreamento de dados e a geração de relatórios sobre o progresso dos envolvidos, com base na concessão de privilégios de acesso diferenciados a alunos, professores, tutores e administradores.

Os LMS têm como objetivo principal centralizar e simplificar a administração e a gestão dos programas educacionais, aplicando-se a diversas modalidades do processo educacional (a distância, híbrida e presencial) e a diferentes campos de atuação (educação formal, educação corporativa e educação continuada).

A ênfase na integração entre funcionalidades tecnológicas e dados coletados é tão evidente que esses sistemas podem, inclusive, comunicar-se com outros sistemas da instituição, como o sistema acadêmico em escolas e universidades ou o sistema de gestão de recursos humanos, no caso de organizações públicas e instituições privadas.

Quando esses sistemas se tornam espaços de aprendizagem que permitem a aprendizagem autônoma, que estimulam os alunos a tomar parte da aprendizagem colaborativa e que viabilizam que o professor modere a interação entre os alunos, eles também recebem o nome de ambientes virtuais de aprendizagem (AVA, ou, no inglês, VLE – *virtual learning environment*). Para Silva (2004, p. 62), por exemplo, "o ambiente virtual de aprendizagem é a sala de aula online".

Figura 2. Os LMS centralizam a administração e a gestão dos programas educacionais.

Existem diversos ambientes virtuais de aprendizagem disponíveis no mercado, tanto gratuitos (como o Moodle) quanto pagos (por exemplo, o Blackboard e o Canvas), que têm sido usados há anos em programas de EAD e de educaçao presencial apoiada por tecnologias. Na esteira do ensino remoto, plataformas como o Google Classroom e o Microsoft Teams ganharam espaço considerável, principalmente na educação básica.

Em geral, esses sistemas têm em comum funcionalidades de coordenação, administração e comunicação.

As ferramentas de coordenação incluem todas as funcionalidades tecnológicas que, de alguma maneira, organizam e subsidiam as ações de um curso ou um programa de estudos. Entre elas, podemos citar:

- **Ferramentas de criação de conteúdos e atividades:** páginas, glossários, wikis, questionários e/ou testes.

- **Ferramentas do aluno:** página de informações pessoais, página de trabalhos entregues e testes respondidos, portfólio individual, etc.

- **Gerenciador de arquivos:** para armazenamento, exibição e monitoramento de acesso a materiais didáticos.

- **Ferramentas de avaliação e autoavaliação:** como gabaritos para criação de testes com questões objetivas autocorrigidas, funcionalidades de entrega de atividades abertas, recursos de feedback, atribuição e visualização de notas.

As ferramentas de administração, em geral, apoiam o gerenciamento do curso, permitindo a inscrição de alunos, formadores e outros envolvidos, a configuração de datas para o início e o término das aulas, para entregas de atividades e para a participação em eventos síncronos e assíncronos, bem como o monitoramento de acessos e a configuração de preferências, como idiomas e recursos de acessibilidades, entre outras.

As ferramentas de comunicação possibilitam a interação entre os participantes e a visibilidade dos trabalhos desenvolvidos. Englobam:

- **Interfaces de comunicação síncrona:** em que os participantes estão reunidos em um mesmo espaço virtual e se comunicam em tempo real, como no caso das salas de bate-papo, dos recursos de telepresença e mensageria instantânea e das web/videoconferências ao vivo.

- **Interfaces de comunicação assíncrona:** em que a mensagem emitida por uma pessoa é recebida e respondida mais tarde pelas outras pessoas, como correio eletrônico (e-mail), fórum, lista de discussão e portfólio digital.

> ## ❗ IMPORTANTE
>
> Com a imposição do ensino remoto no período de pandemia de covid-19, as webconferências ganharam *status* em praticamente todas as ações educacionais. Empregadas há tempos nas ações de EAD, tornaram-se um recurso indispensável para aproximar alunos e professores afastados pela interrupção das aulas presenciais.
>
> Ferramentas como Google Meet (antigo Hangout), Teams (Microsoft), YouTube, StreamYard e Zoom – a maioria delas gratuita, ao menos nos planos básicos ofertados – passaram a ser usadas como salas virtuais para simular a presença física nas escolas e universidades.
>
> Os empregos das webconferências são variados. Vão desde aulas expositivas tradicionais, em que um professor domina a comunicação, sem a participação dos alunos, até sessões com alta interação via chat textual e áudio, e, quando permitido, organização de salas simultâneas para discussões em pequenos grupos.

Vale lembrar que os AVAs descritos nesta seção ocupam cada vez mais espaço nas instituições de ensino. Mais recentemente, porém, tem surgido uma nova geração de ambientes digitais de aprendizagem, conhecidos como NGDLE (do inglês, *next generation digital learning environment* – ambientes digitais de aprendizagem de próxima geração).

O NGDLE traz em seu núcleo um AVA em torno do qual várias outras funções externas ao ambiente podem ser incorporadas. Assim, cada aluno e cada professor tem autonomia para personalizar o próprio ambiente com os recursos que escolheu, dispostos da maneira que lhe convier.

Desse modo, os ambientes digitais de aprendizagem concretizam tendências educacionais emergentes, como a flexibilidade e a personalização.

E, por falar em novas tendências na educação, apresentamos a seguir outras inovações que apontam para novas formas de aprender e ensinar com o auxílio de tecnologias educacionais.

TECNOLOGIAS EDUCACIONAIS E INOVAÇÃO

Um dos principais desafios quando tratamos de tecnologias educacionais é a quantidade de inovações que não param de surgir. O tempo todo novos produtos e serviços anunciam novas soluções para os problemas educacionais existentes.

Figura 3. As inovações no âmbito das tecnologias educacionais são constantes nos dias atuais.

É difícil acompanhar tantos lançamentos, descobertas e promessas. E ainda há as diferentes expectativas em relação ao que é considerado inovação. Por exemplo, para um aluno da geração digital, publicar um vídeo curto editado em uma plataforma como o TikTok pode ser algo corriqueiro, enquanto para um professor a utilização desse vídeo para fins educacionais pode demandar uma curva de aprendizagem muito maior – envolvendo desde o domínio operacional dos recursos até a incorporação deles a uma atividade de aprendizagem significativa.

CURIOSIDADE

O TikTok é uma plataforma muito popular entre os jovens que permite a criação de vídeos curtos pelos próprios usuários da rede. Ela tem recursos para acelerar e desacelerar, aplicar filtros, incluir músicas em segundo plano e, por fim, compartilhar vídeos. Pode ser utilizada, inclusive, para incentivar o acesso e a produção de conteúdos educacionais.

Nesse sentido, é sempre um campo minado rotular um recuso tecnológico como inovador – isso pode causar admiração em alguns leitores e despertar o tédio em outros. Mesmo assim, preparamos uma lista de produtos e serviços com potencial inovador na educação (FILATRO; LOUREIRO, 2021).

- **Aplicativos para colaboração:** quadros brancos interativos como o Miro e murais virtuais como Padlet, que oferecem recursos digitais com interface simples e funcionalidades de fácil manuseio para a publicação coletiva de textos, imagens, áudios e links.

- **Ferramentas de autoria:** pacotes como o Google Docs e o Office para a criação de documentos diversos e recursos especializados na criação de *podcasts*, vídeos, multimídia, livros digitais, mapas mentais – a maioria deles acessível no formato web, a custo zero (pelo menos nas versões básicas), sem a necessidade de instalações ou conhecimento técnico sofisticado.

- **Redes sociais:** espaços digitais de comunicação como Instagram, Facebook, TikTok, Twitter e YouTube, que se destacam pela facilidade de uso e agilidade nas publicações e que reúnem pessoas com os mesmos interesses que podem fazer publicações, registrar curtidas e adicionar comentários.

PARA SABER MAIS

Para acessar orientações de como usar as redes como recurso educacional, você pode consultar o artigo do portal Porvir intitulado "30 dicas para ensinar com ajuda das redes sociais", de Marina Lopes (2015).

- **Jogos e gamificação:** aplicativos de fácil manuseio como Kahoot!, Quizizz e Quizlet, que possibilitam a criação e a aplicação de perguntas e respostas, de maneira individual ou coletiva, com o registro de resultados em rankings exibidos à audiência.

IMPORTANTE

Um jogo pode ser descrito como um sistema no qual as pessoas se envolvem voluntariamente em busca de uma meta, seguindo regras claras durante um período determinado. Os jogos são caracterizados por elementos como desafios, feedback imediato, ranqueamento, competição e surpresa.

Já a gamificação corresponde à incorporação de um ou mais elementos de jogos a contextos que não são jogos completos, como é o caso de uma atividade de aprendizagem ou de um curso inteiro – veja mais a respeito em Filatro, Loureiro e Cavalcanti (2019).

- **Realidade aumentada:** permite que elementos digitais interativos se sobreponham, em tempo real, a elementos físicos do ambiente real; um uso crescente em educação é a aplicação de animações interativas e objetos modelados em 3D, que podem ser visualizados ao se posicionar uma câmera sobre a página de um livro impresso.

- **Realidade virtual:** permite explorar o mundo real virtualmente e navegar por mundos fictícios com a ajuda de equipamentos como óculos com sensores.

CURIOSIDADE

Um bom exemplo de realidade virtual aplicada à educação é o Google Expeditions. Usando smartphones e um Google Cardboard, ou seja, óculos 3D de papelão, os alunos podem ser transportados para mais de 500 expedições (passeios virtuais), nas quais o professor assume o papel de "guia", e os alunos, de "exploradores". O aplicativo é gratuito e está disponível nas lojas de aplicativos Play Store e Apple Store.

Pode-se usar também o aplicativo Google Arts & Culture para experimentar alguns passeios de realidade virtual usando o Cardboard, como em "9 virtual reality tours you'll love" (GOOGLE ARTS & CULTURE, [s. d.]).

- **Laboratórios virtuais:** replicam com alto grau de fidelidade um laboratório físico virtual, permitindo aos alunos que interajam com objetos e equipamentos digitais em ambientes controlados, sem riscos, em segurança e a um custo acessível.
- **Laboratórios remotos:** utilizam os recursos da internet para permitir acesso remoto a laboratórios reais, com a possibilidade de operar objetos e equipamentos a distância.
- **Tecnologias assistivas:** uma série de recursos, como leitores de tela, tradutores para Libras e simplificadores de textos complexos, pode beneficiar pessoas com deficiência total, parcial ou temporária (vítimas de um acidente, por exemplo) e usuários em geral (como idosos e pessoas com baixa escolarização).
- **Robótica:** é a construção e a manipulação de robôs por meio de sistemas baseados em lógica de programação.

- **IoT:** por meio de sensores, câmeras e dispositivos conectados, permite monitorar espaços físicos e uso de objetos, enviando notificações a um sistema sobre eventos e ações identificados.

São muitos e de muitas naturezas os recursos inovadores citados nesta seção. Eles dão margem a uma infinidade de possíveis aplicações educacionais.

Incorporar inovações ao processo de ensino-aprendizagem não pode ser o foco principal da ação docente, nem é o foco principal do DI – embora entre as competências do designer instrucional esteja a necessidade de atualizar-se continuamente para adquirir e aplicar as habilidades de uso de novas tecnologias na prática do DI.

O foco principal, como vimos no capítulo 3 e ao longo de todo o livro, é o aluno. É assim que o DI encara as mídias e as tecnologias: como parte da solução educacional projetada para atender às necessidades do aluno.

SÍNTESE

Neste capítulo, conceituamos mídias e tecnologias, revisamos a ideia de sistemas de gerenciamento da aprendizagem e de ambientes virtuais de aprendizagem e ainda listamos algumas das inovações que batem à porta de escolas e universidades.

As muitas possibilidades que as tecnologias educacionais oferecem nos fazem pensar no quanto o DI pode ajudar como metodologia da criação de soluções educacionais (sequências didáticas, cursos, programas e recursos didáticos) que desfrutem dessas oportunidades para tornar a experiência de aprendizagem mais efetiva.

A efetividade da aprendizagem é, aliás, o tema do próximo e último capítulo, que trata da avaliação do ponto de vista do DI.

CAPÍTULO **8**

Avaliação no design instrucional

Após o estudo deste capítulo, você será capaz de:

- refletir sobre diferentes aspectos da avaliação sob o ponto de vista do design instrucional;
- distinguir formas de avaliação diagnóstica, formativa e somativa;
- conhecer estratégias para a elaboração de questões de múltipla escolha e questões abertas e discursivas; uso de portfólios e rubricas;
- compreender como avaliar as soluções de aprendizagem projetadas usando a metodologia do design instrucional.

Neste capítulo, abordaremos o significado da avaliação do ponto de vista do design instrucional (DI), que se debruça tanto sobre a avaliação da aprendizagem propriamente dita quanto sobre a avaliação da solução educacional projetada. Para isso, exploraremos os vários aspectos relacionados à avaliação e organizaremos as contribuições do DI para a sua implementação.

O SIGNIFICADO DA AVALIAÇÃO NO DESIGN INSTRUCIONAL

Avaliar significa analisar o valor de certa atividade ou produto segundo critérios determinados (por exemplo, objetivos educacionais, satisfação dos alunos, empregabilidade, cidadania, etc.).

Figura 1. O DI é um importante recurso para a avaliação educacional.

Avaliar a aprendizagem, por sua vez, é um processo complexo que não se reduz ao simples testar, verificar e medir os conhecimentos de um aluno ao final de um curso, uma disciplina ou um programa de estudos. A avaliação da aprendizagem precisa estar articulada com um processo mais amplo e envolve, ainda, a avaliação da solução educacional proposta pelo DI.

AVALIAÇÃO DA APRENDIZAGEM

Há muitas razões para avaliar a aprendizagem dos alunos. Bates (2016) lista algumas delas:

- Para melhorar e ampliar a aprendizagem dos alunos.
- Para avaliar o conhecimento e a competência dos alunos em termos dos resultados ou dos objetivos de aprendizagem desejados.
- Para fornecer ao professor um feedback sobre a eficácia do seu ensino e como pode ser melhorado.

- Para fornecer informações a futuros empregadores sobre o que o aluno sabe e/ou pode fazer.
- Para filtrar os estudantes para estudo mais avançado, empregos ou promoção profissional.
- Para a responsabilidade institucional e/ou objetivos financeiros.

De acordo com Bates (2016), a forma que a avaliação assume, bem como sua finalidade, é influenciada pelas concepções de aprendizagem subjacentes dos professores ou de outros profissionais envolvidos na aplicação da avaliação – por aquilo que eles acreditam constituir o conhecimento e, portanto, como os alunos devem demonstrar os conhecimentos aprendidos.

Há vários aspectos a serem considerados quando pensamos na avaliação da aprendizagem. Em primeiro lugar, no que diz respeito ao foco, a avaliação pode ser:

- **Individual:** quando considera os conhecimentos, as habilidades, as atitudes e as produções de cada aluno isoladamente.
- **Coletiva:** quando se considera o desempenho e as produções de um grupo de alunos, como um todo.

Já no que diz respeito à responsabilidade sobre o ato de avaliar, podemos distinguir entre:

- **Heteroavaliação:** somente o professor ou algum avaliador externo avalia o aluno.
- **Autoavaliação:** quando o aluno reflete sobre o que aprendeu e/ou sobre o próprio desempenho.
- **Coavaliação:** quando os alunos avaliam uns aos outros ou os processos e produtos de seu trabalho colaborativo.

Em relação a como é planejada e implementada, a avaliação pode ser:

- **Direta:** ou seja, aplicada diretamente no "objeto" da avaliação, por meio de testes, trabalhos criativos, observação da participação e do desempenho do aluno em situações de avaliação durante a situação didática.

- **Indireta:** ou seja, aplicada observando-se os efeitos da aprendizagem fora da situação didática, por meio de indicadores variados, da percepção de terceiros, etc.

Quanto ao grau de estruturação, a avaliação também pode ocorrer de maneira:

- **Informal:** ou seja, de maneira não planejada, não estruturada, subjetiva e não declarada.
- **Formal:** quando é planejada, estruturada, instrumentalizada, objetivada e declarada.

No que se refere ao escopo, a avaliação pode ser:

- **Focalizada no processo:** avalia o caminho percorrido pelo aluno até chegar a determinados resultados.
- **Focalizada no produto:** avalia a qualidade dos resultados ou produtos do processo de aprendizagem.

Temos ainda uma das categorizações mais conhecidas, que se refere aos momentos da ação sobre os quais incide o ato de avaliar: a distinção entre avaliação diagnóstica, formativa e somativa, como veremos com mais detalhes nas seções a seguir.

Antes disso, porém, é importante considerar que as categorizações citadas anteriormente não são excludentes. Uma mesma avaliação pode conter elementos diretos e indiretos, ser efetuada pelo professor e pelo próprio aluno, de maneira formal e informal. Pode tanto ser focalizada nos processos quanto nos produtos ou em ambos. O que determinará a combinação desses elementos são os objetivos da avaliação, o perfil dos alunos, o contexto de aprendizagem, a natureza dos conteúdos e dos recursos (tempo, espaço, custos, etc.), bem como as tecnologias disponíveis.

AVALIAÇÃO DIAGNÓSTICA DA APRENDIZAGEM

A avaliação diagnóstica ocorre antes de um curso, uma disciplina ou um programa iniciar (ou mesmo durante seu planejamento) e visa ao diagnóstico das necessidades de aprendizagem e dos conhecimentos prévios dos alunos, para fins de ajuste do planejamento, da organização em turmas ou grupos e até mesmo da personalização de percursos.

A avaliação diagnóstica se torna prognóstica quando dá início à avaliação formativa e influencia a personalização dos percursos de aprendizagem. Ela também pode ser utilizada pontualmente antes das unidades de estudo ou de atividades de aprendizagem com a mesma finalidade de adaptação aos dados coletados.

Alguns softwares disponíveis podem subsidiar a criação de instrumentos de avaliação diagnóstica, como mostra o quadro 1.

Quadro 1. Softwares para a criação de instrumentos de avaliação diagnóstica

Formulários Google

Ferramenta do Google que permite coletar e organizar informações em pequenas ou grandes quantidades, exibindo em tempo real gráficos com a consolidação dos resultados.

Mentimeter

Aplicativo para a coleta de informações em tempo real de equipes remotas e alunos on-line com pesquisas ao vivo, questionários, nuvens de palavras, perguntas e respostas, integrados ou não a apresentações de slides.

Wooclap

Semelhante ao Mentimeter, permite criar questões de múltipla escolha, avaliação de reação, votação, localização em imagens, nuvem de palavras, perguntas abertas, média de valores numéricos, priorização, ordenação, associação em colunas, preenchimento de lacunas e mural virtual.

AVALIAÇÃO FORMATIVA DA APRENDIZAGEM

A avaliação formativa tem como principal objetivo acompanhar os alunos ao longo de um período, por meio da coleta e do tratamento de dados de participação e desempenho.

Em geral, esse formato de avaliação cumpre dois objetivos:

- Favorecer a aprendizagem, na medida em que se criam oportunidades para os alunos acompanharem a evolução do próprio desempenho em diversas atividades ao longo de um curso (por exemplo, avaliação da participação dos alunos em atividades colaborativas e feedback do professor em relação a trabalhos individuais e em grupo durante o curso).

- Contribuir para o aperfeiçoamento da proposta do curso (materiais, atividades, atuação do professor, etc.), na medida em que fornece informações sobre o desempenho dos alunos durante o processo.

A análise desses dados permite identificar as fontes de sucesso e de problemas, subsidiando a personalização dos percursos individuais e intervenções docentes para a melhoria da situação didática em andamento e/ou em edições futuras.

A avaliação formativa pode se dar, por exemplo, por meio de questões de múltipla escolha, questões abertas, rubricas e portfólios digitais, como detalhado a seguir.

QUESTÕES DE MÚLTIPLA ESCOLHA

Questões de múltipla escolha, assim como testes de verdadeiro e falso, têm sido utilizadas há tempos para verificar e reforçar a aprendizagem.

Na maioria dos casos, esses tipos de testes objetivos estão atrelados a unidades de estudo específicas e são aplicados a fim de consolidar a aprendizagem, verificar se o aluno aprendeu e liberar o acesso a unidades seguintes de um plano de estudo organizado.

Para construir questões de múltipla escolha, deve-se partir do mapeamento dos temas abordados, de modo que se possa abarcar a maior parte dos tópicos. Uma forma de localizar as questões a serem elaboradas é consultar o mapa mental preparado como estratégia de criação de conteúdos educacionais.

Os passos para a criação de questões de múltipla escolha e de testes de verdadeiro e falso se assemelham bastante, como mostra a figura 2.

Passos	☑☐ Múltipla escolha	⊗⊘ Verdadeiro e falso
1	Selecione um tópico definido, único e explícito.	
2	Formule um enunciado a respeito do tópico.	
3	Construa 4 ou 5 alternativas plausíveis.	Construa 2 alternativas plausíveis, uma verdadeira e outra falsa.
4	Informe a alternativa correta.	
5	Elabore um feedback justificando por que a(s) alternativa(s) está(ão) certa(s) ou errada(s).	

Figura 2. Passo a passo para a criação de questões de múltipla escolha e de testes de verdadeiro e falso.

Fonte: adaptado de Filatro (2018).

Por trabalharem com respostas únicas, os testes precisam ser muito bem elaborados, de modo a dissipar dúvidas quanto à sua validade técnica e à sua coerência interna.

QUESTÕES ABERTAS

As questões abertas têm múltiplas respostas possíveis e implicam um grau de subjetividade mais complexo na correção por docentes ou na autoavaliação pelos próprios alunos.

Elas têm como objetivo avaliar competências de aplicação, análise, síntese e avaliação. Podem restringir-se a alguns parágrafos, exigindo respostas altamente focadas, ou então dar oportunidade ao aluno de expressar pontos de vista em dissertações mais longas.

Questões desse tipo são relativamente fáceis de construir, se comparadas ao design de questões de múltipla escolha e testes de verdadeiro ou falso. Por outro lado, requerem muito tempo e cuidado na correção.

Para construir questões abertas, o professor pode seguir estes passos:

1. Redigir um enunciado sobre um tema específico, com um comando para a resposta.

2. Informar aos alunos os critérios e as condições de avaliação, explicitando claramente o que se espera como resposta (por exemplo, número de linhas, quantidade de exemplos, critérios de análise, etc.).

3. Redigir uma chave de resposta que facilite a posterior correção – nesse modelo, enfatizar os conceitos-chave e as relações que devem constar na resposta aberta.

RUBRICAS

As rubricas permitem a avaliação de aprendizagens mais complexas, pois miram a aplicação integrada de conhecimentos, habilidades e atitudes. Por meio de escalas de múltiplos critérios, examinam de maneira mais descritiva e interdisciplinar tanto os processos quanto os produtos de determinada aprendizagem.

São especialmente adequadas para a avaliação da aprendizagem pela ação, como ocorre no caso da aprendizagem baseada em problemas e da aprendizagem baseada em projetos. Além disso, as rubricas favorecem a autoavaliação, a avaliação interpares e a avaliação de trabalhos em grupo.

A elaboração da rubrica consiste basicamente em uma matriz que cruza critérios de avaliação com escalas progressivas de competência, como mostra a figura 3.

Critérios	Desempenho avançado	Desempenho médio	Desempenho iniciante
Critério 1			
Critério 2			
Critério 3			

Figura 3. Exemplo de matriz para a elaboração de rubrica.

Fonte: adaptado de Filatro (2008a).

PARA SABER MAIS

Para conhecer um pouco mais a fundo como utilizar rubricas na avaliação educacional, você pode consultar o artigo "Conhecendo e aplicando rubricas em avaliações", de Luiz Cláudio Medeiros Biagiotti (2005), apresentado no XII Congresso Brasileiro de Educação a Distância, em Florianópolis.

PORTFÓLIOS

Os portfólios são coleções de artefatos acumulados por um ou mais alunos ao longo do tempo. Podem incluir anotações de sala de aula, rascunhos e revisões de dissertações e projeto, comentários gerais sobre o curso e produtos de atividades realizadas em grupos, bem como qualquer outro trabalho representativo do progresso do aluno.

No formato digital, os portfólios funcionam como um repositório no qual as produções dos alunos nas diversas atividades de aprendizagem são reunidas e podem ser pesquisadas, comentadas e avaliadas.

PARA SABER MAIS

Para conhecer um pouco mais sobre portfólios digitais, você pode acessar o artigo do portal Porvir intitulado "Dicas de ferramentas para criar um portfólio digital", de Mary Beth Hertz (2020).

AVALIAÇÃO SOMATIVA DA APRENDIZAGEM

Já a avaliação somativa é feita ao final do curso, da disciplina ou do programa, ou ainda em um período após sua conclusão. Ela visa avaliar o rendimento global alcançado pelo aprendiz.

Esse tipo de avaliação consolida os resultados de aprendizagem alcançados por um aluno individual, um grupo de alunos ou uma turma completa ao longo de um período. É também a base para as certificações.

Por ser realizada após a implementação de uma proposta de DI, também serve para aprimorar eventos de aprendizagem subsequentes.

AVALIAÇÃO DA PROPOSTA DE DESIGN INSTRUCIONAL

A avaliação da proposta de DI ocorre durante e ao final do desenvolvimento da solução educacional. Funciona como o controle de qualidade desse processo e deve ser realizada a tempo de permitir eventuais correções de rumo.

Assim como na avaliação da aprendizagem, a avaliação de DI deve estar alinhada com os objetivos da solução proposta. Podemos usar como referência para essa avaliação a matriz de design instrucional desenvolvida na fase de análise.

A matriz de design instrucional anuncia os critérios e os instrumentos para avaliar se os objetivos de aprendizagem foram alcançados pelos alunos. Na avaliação de DI, verificamos se cada um dos elementos da matriz – unidades, objetivos, atividades, papéis, duração, ferramentas, conteúdos e a própria sistemática de avaliação – contribuiu para esse resultado.

Para isso, podem ser feitas as seguintes questões:

- Os objetivos de aprendizagem definidos correspondem às necessidades de aprendizagem identificadas na fase de design?

- Os conteúdos, as ferramentas e os recursos convergem para os objetivos de aprendizagem?
- O fluxo de atividades de aprendizagem ativa apresenta o quadro geral da unidade de aprendizagem e recupera conhecimentos prévios?
- As atividades e os conteúdos propostos proporcionam orientação e prática, bem como feedback, síntese e revisão?
- Os instrumentos de avaliação são suficientes para o alcance dos resultados?

Bates (2016) sugere alguns meios pelos quais essas perguntas possam ser respondidas, principalmente no contexto da aprendizagem digital, que deixa uma trilha digital rastreável de evidências:

- Notas de alunos.
- Taxas de participação dos alunos em atividades, como questões de autoavaliação, fóruns de discussão e acesso a vídeos e *podcasts*.
- Análise qualitativa da participação em espaços coletivos, por exemplo, a qualidade e a variedade de comentários, indicando o nível ou a profundidade de envolvimento ou pensamento.
- E-portfólios, respostas a questões de múltipla escolha e a atividades abertas.
- Questionários.
- Grupos focais.

Além dessas questões, respondidas pelo próprio professor e/ou pela equipe de desenvolvimento da solução educacional, faz parte das ações avaliativas de DI conhecer a opinião dos alunos (e também de professores e de pais ou responsáveis) sobre o curso, a disciplina ou o programa ofertado.

Nesse sentido, pode ser aplicado ao final do evento educacional um questionário clássico para avaliar a proposta metodológica, a docência, os recursos didáticos, o ambiente físico e/ou virtual e a duração das atividades, entre outros aspectos da proposta de DI.

A figura 4 mostra um exemplo de avaliação de satisfação a ser respondida pelos alunos.

AVALIAÇÃO DE SATISFAÇÃO

Olá, contamos com você para avaliar a experiência de aprendizagem que você vivenciou até este momento. Sua opinião é muito importante para nós!

1. Marque como você se sente com relação a cada aspecto da experiência de aprendizagem:

	Não gostei!	Pode melhorar	Não sei	Muito bom	Amei!
Adequação aos objetivos de aprendizagem	☹	☹	😐	🙂	😄
Carga horária de estudo	☹	☹	😐	🙂	😄
Organização dos conteúdos	☹	☹	😐	🙂	😄
Atividades de aprendizagem propostas	☹	☹	😐	🙂	😄
Estratégias de avaliação	☹	☹	😐	🙂	😄
Ambiente físico (sala de aula presencial, laboratórios, biblioteca)	☹	☹	😐	🙂	😄
Ambiente virtual	☹	☹	😐	🙂	😄

(continua)

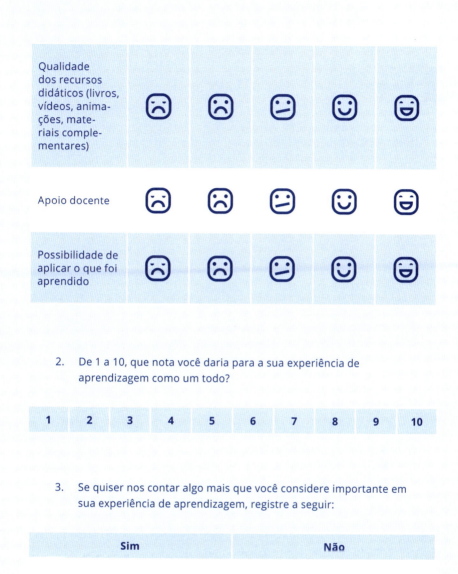

Figura 4. Exemplo de avaliação de satisfação.

SÍNTESE

Este capítulo fecha o ciclo da aprendizagem e do próprio DI ao tratar da avaliação como um dos elementos mais complexos do processo de ensino-aprendizagem. Por essa razão, consideramos a avaliação como uma etapa transversal e exploramos seus aspectos e instrumentos que permitem a sua aplicação ao longo de todo o processo. Ainda há muito o que construir nesse sentido e esperamos que este capítulo funcione como um ponto de partida para novas reflexões e produções.

Considerações finais

Ao longo deste livro, apresentamos a teoria e a prática do design instrucional (DI). O que nos orientou nesse desafio foi a visão de que, embora o DI se dedique em particular a solucionar problemas educacionais por meio de um processo relativamente estruturado, conhecer as bases que o fundamentam permite ao profissional de educação tomar decisões sobre conteúdos, atividades, mídias, tecnologias e avaliação de maneira muito mais consciente e informada.

Em um cenário de rápidas transformações, esses fundamentos se tornam cruciais, principalmente quando se avizinha mais uma onda de inovações em educação. O pano de fundo é um ambiente de trabalho em que o conhecimento enfrenta rápida obsolescência e novas informações são produzidas em escala acelerada, carreiras tradicionais desaparecem e surgem novas profissões, aumenta o número de trabalhadores nômades, e a demanda é cada vez maior para o desenvolvimento de *soft skills* (como criatividade, empatia, pensamento crítico, comunicação efetiva, empreendedorismo e solução de problemas).

Tecnologias analíticas como big data e inteligência artificial, soluções imersivas como a realidade aumentada e virtual, mídias multimodais, agentes semânticos, computação cognitiva: tudo isso se coloca como impulsionador de novas formas de aprender e ensinar.

Mais recentemente, pesquisadores, praticantes, articulistas e interessados em geral começaram a usar a expressão "educação 5.0" em artigos científicos, matérias jornalísticas e micropublicações, vídeos no YouTube, *podcasts*, blogs e postagens em redes sociais (veja, por exemplo, SANTOS; OLIVEIRA; CARVALHO, 2019; MUZIRA; MUZIRA, 2020; FURUNO; KOGA, 2020; ESTÚDIO FOLHA, 2020)

Como afirmamos em obra recente, mesmo sem uma linha teórica totalmente definida, a educação 5.0 é descrita como:

> [...] complexa e ecológica, compromissada em estabelecer metodologias para fenômenos altamente conectados e que pensem o mundo de forma orgânica. É ao mesmo tempo tecnológica e humanista, físico-matemática e artística, em uma combinação da acurácia daquilo que é tecnológico com a criatividade humana que se desdobra em novas formas de fruição e evolução consciente da existência humana. (FILATRO; LOUREIRO, 2021, p. 19-20)

Figura 1. Novas informações são produzidas em escala acelerada, impulsionando novas formas de aprender e ensinar.

Paralelamente a esse cenário e a despeito de seu lastro teórico de décadas e de seu reconhecimento como metodologia comprovada para a geração de soluções educacionais, o DI continua, como campo de pesquisa e de prática, a evoluir em resposta aos avanços nas ciências que o fundamentam (FILATRO, 2020):

- Nas ciências da educação propriamente ditas, o foco está cada vez mais direcionado ao aluno e à aprendizagem.

- Nas ciências da informação e comunicação, as mídias e as tecnologias estão cada vez mais próximas à visão das pessoas como interlocutoras, em vez de meramente receptoras passivas de mensagens emitidas por outros.

- Nas ciências da administração, os consumidores têm sido mais e mais vistos como prossumidores (uma mistura de "produtores" ou "profissionais" e "consumidores", são consumidores que participam ativamente do processo de produção).

Como resultado, modelos de DI inovadores são forjados com base no pensamento integrativo, no processo não linear e sinérgico, em sistemas complexos, na motivação orientada a propósito, na atuação em áreas caóticas e desconhecidas, na visão das pessoas como cocriadoras conscientes e em abraçar a mudança e as incertezas da vida (MORGAN, 2018).

Na prática, o DI busca maior contextualização, posicionando-se como metodologia estruturada que mescla abordagens mais humanistas como o design thinking e o design da experiência de aprendizagem com recursos de automação e personalização, incorporando ainda técnicas inteligentes como a mineração e a analítica de dados para apoiar a construção de soluções educacionais em que o aluno permaneça no centro – nesse sentido, veja Filatro (2020).

Aos professores que foram fisgados pelo dinamismo do DI, o horizonte é infinito. Aos leitores que chegaram até aqui, as muitas referências indicadas ao longo do livro compõem uma rede de reflexões e relatos de instituições e autores que podem apoiá-los nessa caminhada. Que essa leitura seja inspiradora para a jornada!

Glossário

Computação cognitiva – computação voltada à geração de conhecimento com base na interpretação e na extração de significado de dados, a princípio não estruturados, que dificilmente seriam tratados por sistemas programáveis tradicionais.

Conectivismo – teoria calcada nas conexões que sujeitos autônomos fazem ao buscar novos conhecimentos e realizar descobertas individuais e/ou construções colaborativas, geralmente em espaços não formais de aprendizagem (como nas redes sociais, por exemplo).

Construtivismo – teoria que enfatiza o papel ativo dos seres humanos para que a aprendizagem ocorra, destacando a relevância do livre-arbítrio, das condições de vida e das interações nesse processo.

Curadoria – seleção de recursos didáticos elaborados por terceiros para a recomendação deles aos estudantes.

Design thinking – abordagem humanista de inovação e criatividade composta por um modo de pensar, um processo e estratégias específicas.

Fórum – espaço para debates temáticos por meio de envio e distribuição de mensagens dos participantes. As mensagens são publicadas em uma área comum e obedecem a uma organização lógica, dando origem aos chamados *threads* (fios condutores).

Gamificação – inclusão, em outros contextos, de elementos da linguagem dos jogos, como regras, desafios, níveis, narrativa de fundo, ranqueamento, etc.

Inteligência artificial – área da ciência cujo objetivo é utilizar máquinas para executar tarefas humanas de maneira autônoma, incluindo a robótica, o aprendizado de máquina, o processamento de linguagem natural, o reconhecimento de voz, a computação neural, entre outros.

Jogo – atividade realizada por uma ou mais pessoas, seguindo regras específicas e visando alcançar um objetivo.

Lista de discussão – funciona como um correio eletrônico coletivo em que todas as mensagens são enviadas de modo automático para participantes previamente cadastrados.

Metacognição – capacidade de o aluno compreender, planejar, monitorar e controlar os próprios processos e o próprio desempenho cognitivo, selecionando por si mesmo estratégias de aprendizagem.

Mnemônico – técnica de associação de ideias ou fatos que recorre a combinações e arranjos de elementos, palavras, imagens e números para facilitar o processamento e o armazenamento de informação.

Modelo híbrido (ou *blended learning*) – modelo educacional composto por momentos presenciais e outros em que as atividades são realizadas com o suporte de tecnologias.

Objetos de aprendizagem – "pedaços de conhecimento" autocontidos, desenvolvidos segundo uma lógica de programação específica e identificados por descritores que podem ser compartilhados, pesquisados, usados e reutilizados em ações educacionais.

Organizadores prévios (ou avançados) – materiais introdutórios apresentados antes dos conteúdos a serem aprendidos, servindo como ligação entre os conhecimentos anteriores dos alunos e os novos conhecimentos.

Podcast – espécie de blog em áudio, com periodicidade de atualização.

Portfólio – conjunto de produções dos alunos que foram salvas em uma plataforma, como imagens, vídeos, *podcasts*, redações e relatórios de projetos.

Realidade aumentada – mistura de elementos do mundo real com conteúdos sintéticos interativos, gerados em tempo real a partir de dados digitais.

Realidade virtual – ambiente modelado por computador que simula a presença do aluno em locais do mundo real ou de um mundo imaginário.

Role playing – estratégia na qual uma situação específica (real ou hipotética) é apresentada a estudantes ou profissionais, que terão por missão encenar o caso assumindo papéis de diferentes *stakeholders*.

Sala de aula invertida (*flipped learning*) – metodologia ativa na qual o aluno estuda conteúdos específicos antes da aula presencial e leva para a sala de aula dúvidas e reflexões sobre o tema abordado; exercícios e projetos que antes eram realizados como "tarefas" de casa são realizados em sala de aula, em grupos e sob a orientação do professor ou do especialista.

Simulação – ambiente digital interativo que permite aos usuários manipular variáveis ou parâmetros específicos e fornece respostas dinâmicas com base em um modelo computacional subjacente.

Suporte técnico – serviço que presta informações sobre questões técnicas relacionadas ao acesso à plataforma, ao funcionamento dos recursos e às atualizações de programas.

Tecnologias exponenciais – tecnologias que crescem no ritmo da Lei de Moore, segundo a qual, a cada 18 meses, a quantidade de transistores nos circuitos integrados dobra, inclusive quanto à capacidade de processamento, enquanto o preço deles diminui significativamente.

Trilhas de aprendizagem – caminhos alternativos e flexíveis para o desenvolvimento pessoal e profissional, nos quais cada pessoa percorre uma trilha diferente.

Referências

ALMEIDA, M. E. B. As teorias principais da andragogia e heutagogia. *In*: LITTO, F. M.; FORMIGA, M. M. (org.). **Educação a distância**: o estado da arte. São Paulo: Pearson Education, 2009.

ANDERSON, L. W.; KRATHWOHL, D. R. (ed.). **A taxonomy for learning, teaching, and assessing**: a revision of Bloom's taxonomy of educational objectives. New York: Longman, 2001.

ARTLEY, S. Taxonomy wheel/PLTs. **MMI**, [*s. d.*]. Disponível em: http://www.mmiweb.org.uk/downloads/bloom2.html. Acesso em: 25 jul. 2022.

AUSUBEL, D. P.; NOVAK, J. D.; HANESIAN, H. **Psicologia educacional**. Rio de Janeiro: Interamericana, 1980.

BARROS, R. Revisitando Knowles e Freire: andragogia *versus* pedagogia, ou O dialógico como essência da mediação sociopedagógica. **Educação e Pesquisa**, São Paulo, v. 44, e173244, 2018.

BATES, A. W. (Tony). **Educar na era digital**: design, ensino e aprendizagem. São Paulo: Artesanato Educacional, 2016.

BEAN, C. **The accidental instructional designer**: learning design for the digital age. Alexandria, VA: ASTD, 2014.

BERGMANN, J.; SAMS, A. **Flip your classroom**: reach every student in every class every day. Washington: ISTE, 2012.

BHARGAVA, R. The 5 models of content curation. **Rohit Bhargava**, 31 mar. 2011. Disponível em: https://www.rohitbhargava.com/2011/03/the-5-models-of-content-curation.html. Acesso em: 4 nov. 2022.

BIAGIOTTI, L. C. M. Conhecendo e aplicando rubricas em avaliações. *In*: CONGRESSO BRASILEIRO DE EDUCAÇÃO A DISTÂNCIA, 12, 2005, Florianópolis. **Anais eletrônicos [...]**. Florianópolis: Abed, 2005. Disponível em: http://www.abed.org.br/congresso2005/por/pdf/007tcf5.pdf. Acesso em: 25 jul. 2022.

BLOOM, B. *et al*. **Taxionomia de objetivos educacionais**. Porto Alegre: Globo, 1973.

BRASIL. Presidência da República. Casa Civil. Subchefia para Assuntos Jurídicos. Decreto n. 75.699, de 6 de maio de 1975. Promulga a Convenção de Berna para a Proteção das Obras Literárias e Artísticas, de 9 de setembro de 1886, revista em Paris, a 24 de julho de 1971. **Diário Oficial da União**, Brasília, DF, 9 maio 1975.

BRASIL. Presidência da República. Casa Civil. Subchefia para Assuntos Jurídicos. Lei n. 9.610, de 19 de fevereiro de 1998. Altera, atualiza e consolida a legislação sobre direitos autorais e dá outras providências. **Diário Oficial da União**, Brasília, DF, 20 fev. 1998.

BRASIL. Presidência da República. Secretaria-Geral. Subchefia para Assuntos Jurídicos. Lei n. 13.709, de 14 de agosto de 2018. Lei Geral de Proteção de Dados Pessoais (LGPD). **Diário Oficial da União**, Brasília, DF, 15 ago. 2018.

BRAY, B.; MCCLASKEY, K. **Make learning personal**: the what, who, WOW, where, and why. Thousand Oaks: Corwin, 2015.

BUZAN, T. **Mapas mentais**: métodos criativos para estimular o raciocínio e usar ao máximo o potencial do seu cérebro. Rio de Janeiro: Sextante, 2009.

CAROLEI, P. Abordagens educacionais do design instrucional. *In*: CONGRESSO INTERNACIONAL DE EDUCAÇÃO A DISTÂNCIA, 12., 2007, Curitiba. **Anais [...]**. Curitiba: Abed, 2007.

CARRINGTON, A. The pedagogy wheel English V5. **Designing Outcomes**, 3 set. 2016. Disponível em: https://designingoutcomes.com/english-speaking-world-v5-0/. Acesso em: 25 jul. 2022.

CARVALHO, A. A. A. A representação do conhecimento segundo a teoria da flexibilidade cognitiva. **Revista Portuguesa de Educação**, Braga, v. 13, n. 1, p. 169-184, 2000.

CASSIMIRO, W. Os seis princípios fundamentais da aprendizagem de adultos de Knowles. **Espresso3**, 27 ago. 2019. Disponível em: https://espresso3.com.br/os-seis-principios-fundamentais-da-aprendizagem-de-adultos-de-knowles/. Acesso em: 22 jul. 2022.

CAVALCANTI, C. C.; FILATRO, A. **Design thinking**: na educação presencial, a distância e corporativa. São Paulo: Saraiva, 2017.

CENNAMO, K.; KALK, D. **Real world instructional design**: an iterative approach to designing learning experiences. New York: Routledge, 2019.

CENTRO REGIONAL DE ESTUDOS PARA O DESENVOLVIMENTO DA SOCIEDADE DA INFORMAÇÃO (CETIC.BR). TIC domicílios – 2021 – domicílios. **Cetic.br**, 2021. Disponível em: https://cetic.br/pt/tics/domicilios/2021/domicilios/. Acesso em: 25 jul. 2022.

CENTRO REGIONAL DE ESTUDOS PARA O DESENVOLVIMENTO DA SOCIEDADE DA INFORMAÇÃO (CETIC.BR). TIC educação – 2019. Escolas urbanas – alunos. **Cetic.br**, 2019. Disponível em: https://cetic.br/pt/tics/educacao/2019/escolas-urbanas-alunos/. Acesso em: 25 jul. 2022.

CHAVES, P. E. M. C.; ARAÚJO, U. F. Mathetics: the art of learning. *In*: PBL2019 IMMERSIVE VIRTUAL INTERNATIONAL CONFERENCE – Hello Future! Reinventing Education! **Conference Proceedings**, July 12-13, 2019. Disponível em: http://pbl2019.panpbl.org/wp-content/uploads/2019/09/PalomaChaves-Mathetics_The_Art_of_Learning_-_Chaves_Araujo.pdf. Acesso em: 25 jul. 2022.

CLASSIFICAÇÃO BRASILEIRA DE OCUPAÇÃO (CBO). Classificação Brasileira de Ocupação. **CBO**, [*s. d.*]. Disponível em: https://www.ocupacoes.com.br/. Acesso em: 25 jul. 2022.

CTAE – SALA DOS PROFESSORES. Conectivismo. **CTAE**, [*s. d.*]. Disponível em: http://www5.fgv.br/ctae/publicacoes/Ning/Publicacoes/00-Artigos/Conectivismo/Artigo_Conectivismo_impressao.html. Acesso em: 25 jul. 2022.

DE VILLIERS, M. R. **The dynamics of theory and practice in instructional systems design**. 2003. Dissertation (PhD) – University of Pretoria (UP), Pretoria, 2003.

DEAQUINO, C. T. E. **Como aprender**: andragogia e as habilidades de aprendizagem. São Paulo: Pearson, 2007.

DUARTE, N. **Slide:ology**: the art and science of creating great presentations. Sebastopol, CA: O'Reilly Media, 2008.

ESTÚDIO FOLHA. Debate sobre educação 5.0 aponta caminhos para empregabilidade. [Mediador: Fabio Rua; convidados: Sofia Esteves, Patricia Ellen e Marco Santos.] **Estúdio Folha**, 9 out. 2020. Disponível em: https://estudio.folha.uol.com.br/ibm/2020/10/1988897-debate-sobre-educacao-50-aponta-caminhos-para-empregabilidade.shtml. Acesso em: 19 jan. 2023.

FERNANDES, E. David Ausubel e a aprendizagem significativa. **Nova Escola**, 12 jan. 2011. Disponível em: https://novaescola.org.br/conteudo/262/david-ausubel-e-a-aprendizagem-significativa. Acesso em: 25 jul. 2022.

FERNANDES, R. Mapa mental online: veja os melhores sites para fazer de graça. **TechTudo**, 21 out. 2019. Disponível em: https://www.techtudo.com.br/listas/2019/10/mapa-mental-online-veja-os-melhores-sites-para-fazer-de-graca.ghtml. Acesso em: 25 jul. 2022.

FERRARI, M. Carl Rogers: um psicólogo a serviço do estudante. **Nova Escola**, 5 jul. 2008. Disponível em: https://novaescola.org.br/conteudo/1453/carl-rogers-um-psicologo-a-servico-do-estudante. Acesso em: 25 jul. 2022.

FERRARI, M. Lev Vygotsky: o teórico do ensino como processo social. **Nova Escola**, 10 jan. 2008. Disponível em: https://novaescola.org.br/conteudo/382/lev-vygotsky-o-teorico-do-ensino-como-processo-social. Acesso em: 25 jul. 2022.

FILATRO, A. **Como preparar conteúdos para EAD**. São Paulo: Saraiva, 2018.

FILATRO, A. **Data science na educação**: presencial, a distância e corporativa. São Paulo: Saraiva, 2021.

FILATRO, A. **Design instrucional contextualizado**: educação e tecnologia. São Paulo: Editora Senac São Paulo, 2004.

FILATRO, A. **Design instrucional na prática**. São Paulo: Pearson, 2008a.

FILATRO, A. Design instrucional sob uma perspectiva andragógica. *In*: I WEB CURRÍCULO, 2008, São Paulo. **Anais [...]**. São Paulo: PUC, 2008b.

FILATRO, A. **Estilos de aprendizagem**. Brasília: Escola Nacional de Administração Pública (Enap), 2014. (Escola Virtual: Educação e Docência). Disponível em: https://repositorio.enap.gov.br/handle/1/2363. Acesso em: 25 jul. 2022.

FILATRO, A. **Learning design como fundamentação teórico-prática para o design instrucional contextualizado**. Tese (Doutorado) – Faculdade de Educação da Universidade de São Paulo (FE-USP), São Paulo, 2008c.

FILATRO, A. **Linguagens e narrativas digitais**. São Paulo: Editora Senac São Paulo, 2017. (Série Universitária).

FILATRO, A. **Práticas inovadoras de educação mediada pelas tecnologias da informação e comunicação**. São Paulo: Editora Senac São Paulo, 2019. (Série Universitária).

FILATRO, A. **Tópicos em design instrucional**. São Paulo: Editora Senac São Paulo, 2020. (Série Universitária).

FILATRO, A.; CAIRO, S. **Produção de conteúdos educacionais**. São Paulo: Saraiva, 2015.

FILATRO, A. *et al*. **Di 4.0**: inovação na educação corporativa. São Paulo: Saraiva, 2019.

FILATRO, A.; LOUREIRO, A. C. **Novos produtos e serviços na Educação 5.0**. São Paulo: Artesanato Educacional, 2021.

FILATRO, A.; LOUREIRO, A. C.; CAVALCANTI, C. C. Gamificação e engajamento de estudantes num curso de formação de tutores para EAD. *In*: CHALLENGES 2019 – XI CONFERÊNCIA INTERNACIONAL DE TIC NA EDUCAÇÃO, 13 a 15 de maio de 2019, Braga. **Anais [...]**. Braga: Universidade do Minho, 2019.

FINARDI, C. *et al.* Ambiente virtual de aprendizagem centrado no usuário jovem. *In*: PEREIRA, A. C. (org.). **AVA**: ambientes virtuais de aprendizagem em diferentes contextos. Rio de Janeiro: Ciência Moderna, 2007.

FINO, C. N. Constructionism and the shifting from didactics to mathetics. **International Journal of Development Research**, v. 7, n. 10, p. 16.250-16.255, 2017.

FINO, C. N. Inovação pedagógica: significado e campo (de investigação). *In*: MENDONÇA, A.; BENTO, A. V. (org.). **Educação em tempo de mudança**. Funchal: Grafimadeira, 2008.

FREIRE, P. **Pedagogia do oprimido**. 17. ed. Rio de Janeiro: Paz e Terra, 1997.

FURUNO, F.; KOGA, F. (Org.). **Educador 5.0**: mais de 150 dicas de professor para professor. [*s. l.*]: DreamShaper, 2020.

GARCIA, M. S. S.; CZESZAK, W. **Curadoria educacional**: práticas pedagógicas para tratar (o excesso de) informação e fake news em sala de aula. São Paulo: Editora Senac São Paulo, 2019.

GEEKIE. Geekie One. **Geekie**, [*s. d.*]. Disponível em: https://one.geekie.com.br/. Acesso em: 5 jan. 2023.

GILBERT, T. F. **Mathetics**: an explicit theory for the design of teaching programmes. London: Longman, 1969.

GILBERT, T. F. Mathetics: the technology of education. **Journal of Mathetics**, v. 1, n. 1, jan. 1962.

GLASSDOOR. Home page. **Glassdoor**, [*s. d.*]. Disponível em: https://www.glassdoor.com.br/. Acesso em: 5 jan. 2023.

GOOGLE ARTS & CULTURE. 9 virtual reality tours you'll love. **Google Arts & Culture**, [*s. d.*]. Disponível em: https://artsandculture.google.com/story/mwJiZHf_Y7FfLg. Acesso em: 18 jan. 2023.

GREEN, T. F. A topology of the teaching concept. *In*: HYMAN, R. **Contemporary thought on teaching**. New Jersey: Prentice-Hall, 1971.

HASE, S.; KENYON, C. From andragogy to heutagogy. **Ultibase Articles**, 5, p. 1-10, 1999.

HERTZ, M. B. Dicas de ferramentas para criar um portfólio digital. **Porvir**, 10 jan. 2020. Disponível em: https://porvir.org/dicas-de-ferramentas-para-criar-um-portfolio-digital/. Acesso em: 25 jul. 2022.

HOLMBERG, B. Guided didactic conversation in distance education. *In*: SEWART, D.; KEEGAN, D.; HOLMBERG, B. (ed.). **Distance education**: international perspectives. London: Croom Helm, 1983.

HOUAISS, A.; VILLAR, M. S. **Dicionário Houaiss da língua portuguesa**. Rio de Janeiro: Objetiva, 2009.

HSM – THE POWER OF KNOWLEDGE. Heutagogia: a aprendizagem que nos permite navegar nas incertezas do futuro e a construir o novo. **HSM**, 6 maio 2020. Disponível em: https://www.hsm.com.br/blog/heutagogia-a-aprendizagem-que-nos-permite-navegar-nas-incertezas-do-futuro-e-a-construir-o-novo/. Acesso em: 25 jul. 2022.

HUHTANEN, A. **Learning design toolkit**. Aalto University, 2019. Licensed under Creative Commons Attribution 4.0 International license. Disponível em: https://fitech.io/app/uploads/2019/09/Learning-Design-Toolkit-v2.pdf. Acesso em: 25 jul. 2022.

INSTITUTO PORVIR. Aprendizagem baseada em projetos. **Porvir**, [*s. d.*]. Disponível em: https://maonamassa.porvir.org/aprendizagem-baseada-em-projetos. Acesso em: 25 jul. 2022.

INTERNATIONAL BOARD OF STANDARDS FOR TRAINING, PERFORMANCE AND INSTRUCTION (IBSTPI). Domínios, competências e padrões de desempenho do design instrucional (DI). **Revista Brasileira de Aprendizagem Aberta e a Distância**, São Paulo, ago. 2002. [Tradução de Hermelina P. Romiszowski]. Disponível em: http://seer.abed.net.br/edicoes/2002/2002_Dominios_Competencias_Padroes_Hermelina_Romiszowski.pdf. Acesso em: 25 jul. 2022.

INTERNATIONAL BOARD OF STANDARDS FOR TRAINING, PERFORMANCE AND INSTRUCTION (IBSTPI). The 2012 IBSTPI® Instructional Designer Competencies and Performance Statements. 2012. Disponível em: http://ibstpi.org/instructional-design-competencies/. Acesso em: 22 jul. 2022.

JONASSEN, D. Designing constructivist learning environments. *In*: REIGELUTH, C. (ed.). **Instruction-design theories and models**: a new paradigm of instructional theory. New Jersey: Lawrence Erlbaum, 1999. v. II.

KENSKI, V. M. **Tecnologias e ensino presencial e a distância**. São Paulo: Papirus, 2003.

KHAN, S. **Um mundo, uma escola**: a educação reinventada. Rio de Janeiro: Intrínseca, 2013.

KNOWLES, M. S. *et al*. **The adult learner**. Houston: Butterworth-Heinemann, 1998.

KNOWLES, M. S.; HOLTON III, E. F.; SWANSON, R. A. **Aprendizagem de resultados**: uma abordagem prática para aumentar a efetividade da educação corporativa. Rio de Janeiro: Campus, 2009.

KOLB, D. A. **Experiential learning**: experience as the source of learning and development. New Jersey: Prentice-Hall, 1984.

LABFIN.PROVAR. Você sabe qual é o seu estilo de aprendizagem? **LabFin. Provar**, 30 dez. 2020. Disponível em: https://labfifi nprovarfifi a.com.br/blog/vocesabe-qual-e-o-seu-estilo-de-aprendizagem/. Acesso em: 22 jul. 2022.

LAURILLARD, D. **Teaching as a design science**: building pedagogical patterns for learning and technology. New York: Routledge, 2012. *E-book*.

LAVE, J.; WENGER, E. **Situated learning**: legitimate peripheral participation. Cambridge: Cambridge University Press, 1990.

LOPES, M. 30 dicas para ensinar com ajuda das redes sociais. **Porvir**, 17 abr. 2015. Disponível em: https://porvir.org/30-dicas-para-ensinar-ajuda-das-redes-sociais/. Acesso em: 25 jul. 2022.

MAGER, R. F. **Análise de objetivos**. 2. ed. Porto Alegre: Globo, 1983.

MARCOTTI, P. Estatística – mapa mental. [Fluxograma adaptado ao projeto gráfico]. **Wikimedia Commons**, 1 fev. 2019. Disponível em: https://commons.wikimedia.org/w/index.php?search=mapa+mental&title=Special%3ASearch&go=Go&ns0=1&ns6=1&ns12=1&ns14=1&ns100=1&ns106=1&uselang=pt#/media/File:Estatistica_Mapa_Mental.jpg. Acesso em: 11 jan. 2021.

MARQUES JR., E.; NETO, J. D. O.; MARQUES, E. M. R. Medindo a proficiência digital: uma abordagem simples usando um instrumento on-line. *In*: XIX CONGRESSO INTERNACIONAL ABED DE EDUCAÇÃO A DISTÂNCIA, 2013, Salvador. **Anais [...]**. Disponível em: http://www.abed.org.br/congresso2013/cd/231.pdf. Acesso em: 25 jul. 2022.

MCCOMBS, B. L.; WHISLER, J. S. **The learner-centered classroom and school**: strategies for increasing student motivation and achievement. San Francisco: Jossey-Bass, 1997.

MIZUKAMI, M. G. N. **Ensino**: as abordagens do processo. São Paulo: EPU, 1986.

MOORE, M.; KEARSLEY, G. **Educação a distância**: uma visão integrada. São Paulo: Thomson Learning, 2007.

MORGAN, J. E. **Holistic design for conscious engagement**. Rumsey: Gaia University, 2018.

MORRIS, S. M. Critical instructional design. **Digital Pedagogy Lab**, 2017. Disponível em: https://digitalpedagogylab.com/critical-instructional-design/. Acesso em: 25 jul. 2022.

MUZIRA, D. R.; MUZIRA, R. An assessment of educators' level of concern on the adoption of Education 5.0: a case of one university in Zimbabwe. **Current Journal of Applied Science and Technology**, v. 39, n. 17, p. 22-32, 2020.

NEWELL, A.; SIMON, H. A. Computer science as empirical inquiry: symbols and search. **Communications of the ACM**, v. 19, n. 3, p. 113-126, 1976.

NITZSCHE, R. **Afinal, o que é design thinking?** São Paulo: Rosari, 2012.

NOVA ESCOLA. B. F. Skinner: o cientista do comportamento e do aprendizado. **Nova Escola**, [*s. d.*]. Disponível em: https://novaescola.org.br/conteudo/7238/bf-skinner. Acesso em: 25 jul. 2022.

NOVA ESCOLA. Jean Piaget: o biólogo que pôs a aprendizagem no microscópio. **Nova Escola**, 8 jul. 2015. Disponível em: https://novaescola.org.br/conteudo/7234/jean-piaget. Acesso em: 22 jul. 2022.

NOVA ESCOLA. Paulo Freire: o mentor da Educação para a consciência. **Nova Escola**, 10 ago. 2015. Disponível em: https://novaescola.org.br/conteudo/7241/paulo-freire. Acesso em: 25 jul. 2022.

NOVAK, J. D.; CAÑAS, A. J. A teoria subjacente aos mapas conceituais e como elaborá-los e usá-los. **Práxis Educativa**, Ponta Grossa, v. 5, n. 1, p. 9-29, jan./jun. 2010.

NUNES, C. A. A.; GAIBLE, E. Development of multimedia materials. *In*: HADDAD, W. D.; DRAXLER, A. (ed.). **Technologies for education**: potentials, parameters, and prospects. Paris: Unesco, 2002.

OMENA, C. R. C. Idosa trabalhador rural. [Cor da imagem adaptada]. **Wikimedia Commoms**, 7 jul. 2005. Disponível em: https://commons.wikimedia.org/wiki/File:Idosa_trabalhador_rural_(13898971703).jpg. Acesso em: 13 jan. 2023.

PAPERT, S. **A máquina das crianças**: repensando a escola na era da informática. Porto Alegre: Penso, 2004.

PAPERT, S. **Mindstorms**: children, computers, and powerful ideas. New York: Basic Books, 1980.

PAPERT, S. **The children's machine**: rethinking school in the age of the computer. New York: Basic Books, 1992.

PAPO DE EDUCADOR. Episódio #55: matética: a arte de aprender. **Papo de educador**, 11 dez. 2018. Disponível em: https://papodeeducador.com.br/pde55-didatica-x-matetica-a-arte-de-aprender/. Acesso em: 25 jul. 2022.

PETERS, O. **Didática do ensino a distância**. São Leopoldo: Unisinos, 2001.

PIAGET, J. **Jan Amos Comênio**. [Organização: Martha Aparecida Santana Marcondes.] Recife: Fundação João Nabuco/Massangana, 2010.

PIAGET, J. **Seis estudos de psicologia**. Rio de Janeiro: Forense, 1967.

REIGELUTH, C. M. (ed.) **Instructional-design theories and models**: a new paradigm of instructional theory. New Jersey: Lawrence Erlbaum, 1999. v. II.

ROGERS, C. **Tornar-se pessoa**. 5. ed. São Paulo: Martins Fontes, 1997.

ROMISZOWSKI, A.; ROMISZOWSKI, L. P. Retrospectiva e perspectivas do design instrucional e educação a distância: análise da literatura. **Revista Brasileira de Aprendizagem Aberta e a Distância**, São Paulo, v. 4, 2005.

SANTOS, A. E.; OLIVEIRA, C. A.; CARVALHO. E. N. **Educação 5.0**: uma nova abordagem de ensino-aprendizagem no contexto educacional. 2019. Trabalho de Conclusão de Curso (Graduação) – Faculdades Idaam, Manaus, 2019.

SIEMENS, G. **Connectivism**: a learning theory for the digital age. **International Journal of Instructional Technology and Distance Learning**, v. 2, n. 1, 2004.

SILVA, M. (org.) **Educação online**: teorias, práticas, legislação, formação corporativa. São Paulo: Loyola, 2004.

SIMÃO NETO, A.; HESKETH, C. G. **Didática e design instrucional**. Curitiba: Iesde, 2009.

SKINNER, B. F. **Ciência e comportamento humano**. São Paulo: Martins Fontes, 2003.

SKINNER, B. F. **Sobre o behaviorismo.** São Paulo: Cultrix, 1974.

SMITH, P. L.; RAGAN, T. J. **Instructional design**. 3. ed. New Jersey: Wiley/Jossey-Bass Education, 2005.

SPIRO, R. *et al.* Cognitive flexibility theory: advanced knowledge acquisition in Ill-structured domains. *In*: ANNUAL CONFERENCE OF THE COGNITIVE SCIENCE SOCIETY, 10., p. 375-438, 1988, Hillsdale. **Proceedings** [...]. Hillsdale: Erlbaum, 1988.

SWELLER, J.; VAN MERRIENBOER, J. J. G.; PAAS, F. G. W. C. Cognitive architecture and instructional design. **Educational Psychology Review**, v. 10, n. 3, p. 251-296, 1998.

TAN, A. **Verb wheel based on the revised Bloom's taxonomy**. 2016. Disponível em: https://ashleytan.wordpress.com/2016/08/31/remaking-the-revised-blooms-taxonomy/. Acesso em: 25 jul. 2022.

TAPSCOTT, D. **Geração digital**: a crescente e irreversível ascensão da geração net. São Paulo: Makron Books, 1999.

TRACTENBERG, R. Designer instrucional: competências, formação e vagas de trabalho. **Livre docência**, 30 jun. 2022. Disponível em: https://www.livredocencia.com/home/designer-instrucional/. Acesso em: 4 nov. 2022.

UNITED STATES DEPARTMENT OF EDUCATION. **Transforming american education:** learning powered by technology [National Educational Technology Plan 2010]. Washington, DC: Office of Educational Technology, U.S. Department of Education, 2010.

UNIVERSIDADE CORPORATIVA SEBRAE. Pedagogias emergentes – aula invertida. [Apresentado por Wilson Azevedo]. **Vimeo**, 23 set. 2015. Disponível em: https://vimeo.com/140216096. Acesso em: 25 jul. 2022.

UNIVESP TV. EVS – aprendizagem baseada em problemas. **YouTube**, 12 mar. 2015. Disponível em: https://www.youtube.com/watch?v=YhB44Gty-NhI. Acesso em: 25 jul. 2022.

VAN LAKERVELD, J.; SCHOLZE, T.; TILKIN. G. **Competence oriented learning and validation**: towards professionalisation and quality in informal, non-formal and formal learning. **Reveal – Project**, Erasmus+ Programme of the European Union, Sept. 2019. Disponível em: https://reveal-eu.org/wp-content/uploads/2019/12/IO3_REVEAL_Learning_System.pdf. Acesso em: 25 jul. 2022.

VYGOTSKY, L. S. **A formação social da mente**. São Paulo: Martins Fontes, 1988.

VYGOTSKY, L. S. **Pensamento e linguagem**. São Paulo: Martins Fontes, 1989.

WITT, D. T.; ROSTIROLA, S. C. M. Conectivismo pedagógico: novas formas de ensinar e aprender no século XXI. **Revista Thema**, v. 16, n. 4, p. 1012-1025, 2020.